Hans Ritz
Die Geschichte vom Rotkäppchen
Ursprünge, Analysen, Parodien eines Märchens
Muriverlag

W0188289

Hans Ritz studierte Germanistik, Philosophie, Psychologie und Politologie. Abschluß 1975. Seitdem als Märchenerzähler in verschiedenen Branchen tätig.

CIP-Kurztitelaufnahme der Deutschen Bibliothek

Ritz, Hans:
Die Geschichte vom Rotkäppchen: Ursprünge,
Analysen, Parodien e. Märchens / Hans Ritz. —
6., erw. u. überarb. Aufl. — Göttingen:
Muriverlag, 1983.
  ISBN 3-922494-04-8

6. ergänzte Auflage 1983
© 1981 Muriverlag
Satz: Ursula Pigge, Bad Homburg
Druck: Fuldaer Verlagsanstalt
MURIVERLAG, Postfach 1765, D-3400 Göttingen

Aus dem Inhalt

Hans Ritz

Die Geschichte vom Rotkäppchen

Ursprünge, Analysen, Parodien eines Märchens

> Eine Geschichte, die sich nicht auf mindestens drei verschiedene Arten interpretieren läßt, kann nicht gut sein.
> (Milo Dor)

 in Mädchen steht im Walde und hat ein rotes Käppchen auf. Sag, wer mag das Mädchen sein? Das ist leicht zu beantworten. Aber woher es kommt, was aus ihm wird und wie man es verstehen kann, das ist eine knifflige Frage. Welche Ursprünge dieses Histörchen hat, wie es immer wieder verändert und umgedeutet wurde — all das gewährt Aufschluß über unsere eigene Geschichte. Das Märchen ist der Spiegel an der Wand, in dem sich jede Epoche neu gesehen hat. Rotkäppchen ist die Schönste im ganzen Land, das wohl bekannteste, beliebteste, meistvariierte Märchen, und von seiner Geschichte soll hier des längeren berichtet werden. Das ist nicht so einfach, das Material ist immens, und mancher Rotkäppcheninterpret, der sich in den schier unauslotbaren Bereichen der Psychologie verlor und mysteriösen Bedeutungen nachjagte, verdiente sich den

Beinamen, den Friedrich Theodor Vischer erfand: Deutobold
Symbolizetti Allegoriowitsch Mystifizinsky. Unser Anspruch
ist bescheidener; wir wollen nicht in den trügerischen Nebel-
bänken der Seelengeheimnisse verschütt gehen, sondern den
Spuren eines kleinen Mädchens durchs Dickicht der Überlieferung folgen, von den verschiedensten Fassungen Kenntnis
nehmen, wissenschaftliche Theoreme durchspielen und den
interpretatorischen Tiefsinn attackieren. Wir beabsichtigen
nicht, das Märchen auf ein einziges reizloses Motiv hinzubie-
gen. Im Gegenteil, wir möchten ihm vielfältige Reize abgewin-
nen und das Lehrreiche mit dem Vergnüglichen verknüpfen.

Es war einmal ein Wolf, der galt als blutrünstig. Bosheit
sagte man den Wölfen seit geraumer Zeit nach, die biologi-
sche Forschung hat die Legende längst widerlegt, der böse
Wolf ist ein Fabelwesen, das in den Märchen oft als fiktive
Schreckensgestalt seine Dienste verrichten muß. Zu den Wölfen, die es früher in großer Schar gab, zählt eine sagenumwo-
bene Art, deren Namen ohne Schwierigkeiten im Singular
dekliniert werden kann: der Werwolf. Ein Werwolf könnte
anfangs der böse Wolf des Rotkäppchenmärchens gewesen
sein; zumindest taucht er in etlichen Varianten auf, die Marianne Rumpf und Paul Delarue zusammengestellt haben.
Diese vom Volksmund überlieferten Fassungen lassen vermuten, daß es sich um eine steinalte Erzählung handelt — im
17. Jahrhundert erhielt sie dann durch Charles Perrault und
im 19. Jahrhundert durch die Gebrüder Grimm ihre bis heute
dominierende Form. Später wurde die Geschichte immer
mehr abgemildert: Grimms böser Wolf ist beinahe ein gemüt-
licher Geselle, verglichen mit dem Unhold, der in den alten
Volksversionen geschildert wird.

Die meisten mündlichen Gruselstories stammen aus dem
romanischen Raum, vorwiegend aus Frankreich, und der be-

fremdliche Umstand, daß da ein werwolfartiges Wesen sein Unwesen treibt, wird auf dem historischen Hintergrund verständlicher: nicht nur Frauen wurden in früheren Jahrhunderten als Hexen verfolgt, sondern auch Männer als Werwölfe (nur in manchen Fällen wurden Frauen und Jungen beschuldigt, Werwölfe zu sein). Vor allem im 16. und 17. Jahrhundert ging durch Frankreich eine Prozeßwelle gegen Personen, die angeklagt wurden, kleine Mädchen und Knaben verspeist zu haben. Ob diese Geschichten aus der hysterischen Grundtendenz jener Zeitläufte zu erklären sind oder ob wir, wie Hans-Peter Duerr zur Debatte stellt, in den Mannwölfen Individuen erblicken können, die den Zaun zwischen Wildnis und Zivilisation überspringen und ihre innere Tiernatur nach außen kehren, weiß ich nicht. Es ist auch schwer zu beurteilen, ob Tierwölfe in jenen Jahrhunderten Menschen angefallen haben oder ob man mit Erik Zimen die Glaubwürdigkeit der damaligen Berichte in Zweifel ziehen muß. Auf jeden Fall liegt der Gedanke nahe, daß man den Tierwolf, der nicht böse war, sondern hungrig, ebenso dämonisierte wie den Menschenwolf, der vielleicht geistesgestört war oder lediglich — im wörtlichen Sinne — verrückt spielte. Wie auch immer, bei der Lektüre der werwölfischen Untaten drängt sich unwillkürlich das Wort Schauermärchen auf, und es erscheint nicht zufällig, daß nach dem Aufweis Marianne Rumpfs in der Nähe der Gebiete, wo man Mannwölfen den Prozeß machte, noch viele Jahre später grausame Rotkäppchenversionen von Volksmund zu Volksmund weitererzählt wurden.

Die bluttriefende Archaik solcher Geschichten wird verstärkt durch kannibalische Elemente. Führen wir uns als Beispiel eine französische Volksversion zu Gemüte, die Ernst Tegethoff in Deutschland veröffentlicht hat und die als signifikant gelten kann, obwohl sie nicht in allen Einzelheiten mit den anderen mündlichen Varianten übereinstimmt. Der Wolf ist vor Rotkäppchen zur Großmutter geeilt und hat sie getötet. Was von ihrem Fleisch übriggeblieben ist, stellt er in den Schrank, und ihr Blut tut er in eine Schüssel auf den Tisch. Als Rotkäppchen nichtsahnend eintrifft, ist es hungrig.

„Da! Öffne den Schrank, darin findest du Fleisch. Iß davon!" Und während die Kleine von dem Fleische aß, sagte der Wolf: „Ho! Die Kleine ißt das Fleisch, das Fleisch ihrer Großmutter! Das Fleisch ihrer Großmutter!" „Was sagst du da, Großmutter, daß ich dein Fleisch esse?" „Ach nein, ich sagte, du solltest dich beeilen, daß du ins Bett kommst."

„Ach Großmutter, ich habe argen Durst!" „Da! Trink aus dieser Schüssel mit Wein, die auf dem Tische steht!" Während sie trank, sagte der Wolf: „Ho! Die Kleine trinkt das Blut, das Blut ihrer Großmutter! Das Blut ihrer Großmutter!" Was sagst du da, Großmutter, daß ich dein Blut trinke?" „Ach nein, ich sagte, ich wäre nun bald hundert Jahre alt." „Ach Großmutter, ich bin sehr müde!" „Gut, so leg dich zu mir!"

Als Rotkäppchen im Bette lag, fand es im Bett ganz behaarte Beine. „Mein Gott, Großmutter, was hast du für viele Haare an den Beinen!" „Das kommt vom Alter, mein Kind!" „Mein Gott, Großmutter, was hast du für eine rauhe Stimme!" „Damit du mich besser verstehen kannst!" „Mein Gott, Großmutter, was hast du für lange Ohren!" „Damit ich dich besser hören kann, mein Kind!" „Mein Gott, Großmutter, was hast du für eine große Nase!" „Damit ich dich besser riechen kann, mein Kind!" „Mein Gott, Großmutter, was hast du für leuchtende

Augen!" "Damit ich dich besser sehen kann, mein Kind!"
"Mein Gott, Großmutter, was hast du für lange Zähne!"
"Damit ich dich besser fressen kann, mein Kind!" Und
happ, verschlang es der Wolf.

Die befremdenden und unverständlich erscheinenden Kan-
nibalismen hat Anselmo Calvetti, ausgehend von einer ähnlichen Variante aus der italienischen Romagna (bei der das
Mädchen jedoch wieder aus dem Wolfsbauch herauskommt),
auf verblüffende Weise zu erklären versucht. Er stellt die
Rotkäppchengeschichte in den Zusammenhang der uralten
Initiationsriten, die jeweils zu Beginn der Pubertät stattfan-
den und durch die den Jugendlichen die volle Mitgliedschaft
im Clan zuerkannt wurde. Im Laufe der Riten mußten die
jungen Leute in gewissem Sinne sterben und als neue Menschen wiederauferstehen: es wurde vorgestellt und symbolisch vorgespielt, daß sie von einem Tierungeheuer verschlungen wurden, eine Zeit lang in dessen Bauch blieben und
dann wieder ans Tageslicht kamen. Diese Riten zelebrierte
man im dichten Wald und verband sie mit körperlichen
Torturen sowie mit kannibalischen Akten. Das Tierungeheuer
stellte das Totemtier des Clans dar: durch das Verschlungen-
werden und durch die kannibalischen Akte wurde eine
mythische Identität mit den Ahnen (Großmutter!) und
dem die Einheit des Clans repräsentierenden Tier herge-
stellt — ein Psychodrama, das den einzelnen fest an die
Gemeinschaft binden sollte. Wer aus dem Bauch der Bestie
wieder auftauchte, dem wurde magische Kraft zugeschrie-
ben und eine große Jägerkarriere vorausgesagt.

Die berühmten Fragen, die an das wilde Tier gestellt
werden und die in fast allen Rotkäppchenversionen vor-
kommen, könnten nach Calvettis Interpretation als liturgi-

sches Dialogritual verstanden werden, das zur magischen Zeremonie gehört: wer die großen Beine, Arme, Augen, Ohren, Zähne zugleich bewundernd und schaudernd beschwört, der wird nach Verschlingung und Wiedergeburt auch über solche Körpermerkmale verfügen und das zu jagende Wild besser sehen, besser hören, besser verfolgen und besser fressen können. Wenn diese Erklärungshypothese stimmt, die einige frappante Parallelen enthüllt und noch auf weitere Details ausgedehnt wird, dann ist es möglich, die Urform der Rotkäppchengeschichte nicht nur bis zu den Werwölfen, sondern bis zur Frühgeschichte der Menschheit zurückzuverfolgen. Allerdings gibt die Hypothese wenig her für die heutige Funktion des Märchens und für den psychologischen Inhalt, der in der Neuzeit hineingelegt wird. Eine Verbindung zwischen archaischer und moderner Funktion ergäbe sich allenfalls aus der Möglichkeit, daß die alte Kulthandlung, wie Samuel Singer bei ähnlichen Beispielen vermutet, in kindliche Fragespiele („Was hast du für große Ohren?" etc.) transformiert wurde.

In der zitierten französischen Volksversion und in vielen anderen mündlichen Varianten ist von Wiedergeburt keine Rede, der Wolf triumphiert, und auch in der literarischen Fassung, die Charles Perrault 1697 in Paris drucken ließ, ist das Ende schlimm. Perrault hat jedoch die schauererregende Menschenfresserei beiseite gelassen; er nahm Rücksicht auf sein Publikum, das durch grausige Schilderungen schockiert worden wäre, das kaum mehr an leibhaftige Werwölfe glaubte und dem die archaischen Riten nicht geläufig waren. Er war eine Art Hofdichter, der seine Märchensammlung hochgestellten Aristokratinnen widmete, ziemlich konventionell den Geschmäckern seiner Zeit folgte und auch — wie es damals üblich war — der Geschichte eine lehrhafte Moral anhängte. So entsteht aus dem mutmaßlichen Initiationsmythos und dem handfesten Schauermärchen ein fabelähnlicher Zeigefingerzeig. Die Geschichte wird pädagogisiert und zielt darauf ab, die Jugendlichen mithilfe eines einprägsamen Beispiels vor dem Laster zu warnen. Die Untugend besteht darin, daß Rotkäppchen den Verführungskünsten des Wolfes nachgibt. Sexualität wird als animalisch hingestellt.

In der Wortwahl kommt die Erotik klar zum Ausdruck. Das kleine Mädchen geht los, um der Großmutter Fladen und Butter zu bringen. Es trifft auf den Wolf, der es am liebsten sofort auffressen möchte und nur wegen der Nähe einiger Holzfäller einen günstigeren Moment abwartet. Er eilt erst zur Großmama, verschlingt sie ohne viel Federlesen, legt sich ins Bett und erwartet Rotkäppchen, das auf einem anderen Weg nachgekommen ist.

> Als der Wolf sah, daß es hereinkam, versteckte er sich im Bett unter der Decke und sagte zu ihm: „Stell den Fladen und den kleinen Topf Butter auf den Backtrog und leg dich zu mir."
>
> Das kleine Rotkäppchen zieht sich aus und geht hin und legt sich ins Bett, wo es zu seinem allergrößten Erstaunen sah, wie seine Großmutter ohne Kleider beschaffen war. Es sagte zu ihr: „Großmutter, was habt Ihr für große Arme!" „Damit ich dich besser umfangen kann, mein Kind!"

Das Zubettgehen wird nicht damit motiviert, daß die Kleine einfach müde ist; der Wolf sagt ohne Umschweife, sie solle sich zu ihm legen. Im französischen Originaltext heißt es noch direkter: „... viens te coucher avec moi." Rotkäppchen zieht sich sogleich aus, schlüpft nackt ins Bett, wundert sich, wie die Großmutter in unbekleidetem Zustand aussieht, stellt Fragen nach den großen Armen, worauf es eine hintersinnige Antwort zu hören bekommt — all das ist eindeutig zweideutig, und wer immer noch zweifelt, ob die erotische Sphäre gemeint sei, möge sich die fade Moral anhören, die auf dem Fuße folgt, nachdem das Mädchen aufgefressen und die Handlung beendet ist. Der Wolf wird durch deutliche Andeutungen mit den männlichen Verführern gleichgesetzt, die mit schönen Reden böse Absichten verhüllen und den Mädchen nachstellen, um deren Vertrauen auszunutzen. Ausgerechnet die lieben Wölfe, die Softies, sind die schlimmsten.

> Hier sieht man, daß ein jedes Kind
> und daß die kleinen Mädchen (die schon gar,
> so hübsch und fein, so wunderbar!)
> sehr übel tun, wenn sie vertrauensselig sind,
> und daß es nicht erstaunlich ist,
> wenn dann ein Wolf so viele frißt.
> Ich sag: ein Wolf, denn alle Wölfe haben
> beileibe nicht die gleiche Art:
> da gibt es welche, die ganz zart,
> ganz freundlich leise, ohne Böses je zu sagen,
> gefällig, mild, mit artigem Betragen
> die jungen Damen scharf ins Auge fassen
> und ihnen folgen in die Häuser, durch die Gassen.
> Doch ach, ein jeder weiß, gerade sie, die zärtlich werben,
> gerade diese Wölfe locken ins Verderben.

Perraults Rotkäppchenmärchen, gegen Ende des 17. Jahrhunderts gedruckt, erlangte schnell weite Verbreitung, wurde gegen Ende des 18. Jahrhunderts auch ins Deutsche übertragen und lebte als immergrünes Erziehungsmärchen im Bürgertum weiter. In Deutschland wurde ihm in der Folgezeit ein neuer Schluß angehängt, und dieser Sachverhalt wirft ein relativierendes Licht auf die von Benjamin und Bloch ausgehende These, daß im Märchen die finstere Gewalt besiegt werde und daß der Bedrohte letztendlich mit heiler Haut davonkomme. In diese Verallgemeinerung, die auf viele, aber nicht auf alle Märchen paßt (unter anderem kaum auf die außereuropäischen Märchen der Afrikaner, Indianer und Eskimos), ist wohl ein Schuß deutscher Sehnsucht nach Versöhnung eingegangen. Auf die Mehrzahl der französischen Ursprungsversionen trifft sie jedenfalls nicht zu: der Wolf frißt die Kleine auf, und damit basta. In Deutschland hingegen wird das Märchen immer harmloser; nun werden Rotkäppchen und die Großmutter, kaum daß sie verschluckt worden sind, von einem braven Jägersmann gerächt, und die meisten erotischen Anspielungen werden getilgt. Es gab sogar zeitweise — Lutz Röhrich zufolge — eine deutsche Kinderbuchausgabe, in der die Oma nur geknebelt wurde, das Rotkäppchen entwischen konnte und selbst der Wolf aus Gründen des Tierschutzes mit dem Leben davonkam. Hier trieft es nicht von Blut, sondern von Gutherzigkeit, und der deutsche Michel, dem in Gesellschaft und Politik soviel Garstiges widerfuhr, durfte sich an seiner heilen Märchenwelt schadlos halten.

Die erste deutsche Rotkäppchenfassung ist keineswegs die Grimmsche, vielmehr ein Märchendrama Ludwig Tiecks aus dem Jahr 1800. Es ist eine huschige Bearbeitung des Perraultschen Märchenstoffs, mit holperigen Versen, Ach-und-Krach-Reimen und süßlichen Pastoralszenen. Zum ersten Mal wird die rote Kappe, die in einigen Volksversionen gar nicht genannt wird, zum Gegenstand von Erörterungen. Tiecks Rotkäppchen sagt mehrmals, daß „keine Farbe über Rot geht", die Großmutter mahnt, daß man in schwarzer ehrbarer Kleidung zur Konfirmation gehen müsse und nicht mit einer roten Mütze, die man zum Tanzen aufziehe, aber das Mädchen beharrt auf der roten Farbe gegenüber der Großmutter und gegenüber dem neu ins Spiel kommenden Jäger, verweist auf die roten Blüten im Wald, auf das hübsche Rot der Rotkehlchen, auf die roten Lippen und auf andere schöne Dinge. „Das Rot macht gleich die Augen rege", sagt es; die Vorliebe für Rot ist Ausdruck seiner Freude an bunter Farbigkeit und lustigem Leben.

Es könnte aber auch, wie Hans-Wolf Jäger dargelegt hat, die zeithistorische Ausstrahlung der französischen Revolution hineinspielen, deren Beginn zum Zeitpunkt der Tieckschen Publikation erst 11 Jahre zurücklag: die rote Mütze war ein damals häufig gebrauchtes Symbol für die Jakobiner, und der ‚Monsieur Wolf', wie er in Tiecks Drama apostrophiert wird, redet von Fortschritt, Freiheit, Selbständigkeit, Widerstand gegen Aberglauben und Knechtschaft. Das sind Ideen, die durchaus mit den Geschehnissen in Frankreich zusammenhängen können, zumal der Wolf eine zeittypische Metapher war, die von den Feinden der Revolution auf deren Protagonisten gemünzt wurde. Allerdings wird das rote Käppchen, das außerdem schon lange vor der Revolution — wenn auch beiläufig — bei Perrault auftaucht, von Tieck ausführlich durch unpolitische Vorlieben motiviert. Sollte es etwas mit dem Jakobinersymbol zu tun haben, so ist nicht einsichtig, warum der Wolf, der doch jakobinerähnliche Ansichten äußert, der Feind Rotkäppchens ist (in dem Stück wird das so begründet: der Wolf wird von den Menschen, zum Beispiel von Rotkäppchens Vater, schlecht behandelt und will sie nun auffressen, weil sie seine Liebe nicht erwidern und weil sie seine Frau ebenfalls miß- handeln). Es ist nicht auszuschließen, daß zeitaktuelle Din- ge hintergründig mitspielen, aber sie sind schwach angedeutet und reichen nicht zu einer allegorischen Identifizierung (Wolf = Progressist) aus.

Auch die Figur des Jägers, die neu auf den Plan tritt und in den meisten Volksversionen fehlt, kann nicht ohne weiteres — zumindest bei Tieck nicht — als Fürstenknecht verstanden werden, der den wölfischen Aufrührer zur Strecke bringt. Im Tieckschen Stück figuriert der Jäger als ein Mann, der im Wald umherrennen muß, sich am Tabak erfreut, von Rotkäppchen einen Kuß erhaschen will und hinter dem Wolf herjagt. Von einem Auftrag der Obrigkeit ist nirgends die Rede. Nachdem sich der Wolf die beiden Frauen einverleibt hat, schreien die Rotkehlchen erbärmlich; der aufmerksam gewordene Jäger schaut zum Fenster herein und schießt den Wolf tot, damit die moralische Weltordnung wieder herge- stellt ist. Das ist weniger ein politisches Motiv als eine Aller- weltsweisheit, die in abgeschmackter, erbaulicher Form das Stück beschließt:

Daß Gott erbarm! ich schieße zum Fenster hinein. —
Da liegt der Wolf und ist auch todt,
So muß für alles Strafe seyn,
Er schwimmt in seinem Blute roth.
Es kann einer wohl ein Verbrechen begehn,
Doch kann er nie der Strafe entgehn.

Das Ende ist anders als bei Perrault, aber ebenfalls unglück- lich: die beiden Menschen müssen unwiderruflich dran glauben, und es wird eine Schlußszene dazugetan, in der das

Tier mit dem Leben büßen muß. Die Grimmsche Fassung fügt einen weiteren Schluß hinzu, der fast gänzlich positiv ist; der Jägersmann erscheint wiederum als homo ex machina, und jetzt macht er erst dem Isegrimm den Garaus und befördert sodann die Alte nebst Enkelin unversehrt ans Tageslicht. Die Historie scheint Aufschlüsse über diese Wende der Dinge zu geben. Um 1789 treten, wie Bloch im ‚Prinzip Hoffnung‘ festhält, die Rettungsstücke und Rettungsmärchen gehäuft auf — als Zeichen der Möglichkeit, von Elend und Tyrannei befreit zu werden. Das Motiv ist vermutlich auch mit dem spezifisch deutschen Bedürfnis nach Errettung liiert, das in der Dichtung, Musik und Philosophie jener Zeit spürbar wird. Man könnte sogar, auf anderer Ebene, die hypothetische Frage untersuchen, ob man auch deswegen auf die Figur des Jägers verfiel, weil er in den deutschen Wäldern eine vertraute Erscheinung war, im Unterschied zu Frankreich, wo die Jagd eher von den hohen Herrschaften persönlich ausgeübt wurde. Das alles sage ich nicht, um die Grimmsche Fassung auf Zeiterscheinungen zu reduzieren oder um einen abstrakten Bedeutungsgehalt herauszuklauben. Solche Verbindungslinien lassen sich nicht mit unanfechtbarer Sicherheit ziehen, und es geht mir nicht um die Anhäufung geistesgeschichtlichen und zeithistorischen Materials, von dem der Märchentext erdrückt wird. Der Hintergrund ist dazu da, daß sich der Gegenstand von ihm abhebt.

Die Figur des Jägers, der den Wolf erlegt, ist nicht das einzige, was die Grimms von Tieck übernehmen. Wie Rolf Hagen nachgewiesen hat, stimmen Tieck und Grimm in etlichen Einzelheiten überein: der Wolf fordert das Mädchen nicht mehr auf, sich zu entkleiden, es steigt nicht mehr zu ihm ins Bett und fragt ihn nicht mehr nach seinen Beinen, alle direkten Liebeleien sind verschwunden, die schöne Natur mit ihren

Blumen, Vögeln und Bäumen wird geschildert, Rotkäppchen wird es ängstlich zumute in der Stube der Oma, und es beginnt seine Fragen mit der Anrede ,Ei Großmutter'. Tiecks Stück stand bei der Geburt der Grimmschen Fassung ebenso Pate wie Perrault, den die Brüder als direkte literarische Quelle und durch mündliche Vermittlung kannten. Das Märchen vom Wolf und den sieben Geißlein kommt als weitere Anregung hinzu, die sich in stilistischen Parallelen und im Arrangement des Märchenendes bemerkbar macht: beide Male schläft der satte Wolf ein und schnarcht, dann schneidet man ihm mit einer Schere den Bauch auf, holt die noch lebendigen Opfer heraus und füllt schwere Steine hinein, an denen der Wolf stirbt, als er aufwacht und sich bewegen will.

Verschiedene Texte waren also die Vorbilder für die Grimmsche Version, die dem Leser, der die Vorgeschichte nicht kennt, meist als ursprüngliche Einheit erscheint. Die Grimms schöpften aus dem Fluß der mündlichen Volksüberlieferung, aber die literarischen Nebenflüsse zeigten deutlich ihren Einfluß, und so manches Detail gossen die Brüder eigenmächtig hinzu. Schauen wir uns ihren Rotkäppchen-cocktail einmal an, und analysieren wir die psychologische Zusammensetzung. Wir orientieren uns an der Ausgabe letzter Hand, die Heinz Rölleke neu herausgegeben hat. Wer sich dafür interessiert, wie die Grimms ihre Märchen redigiert haben, findet in der von Friedrich Panzer edierten Erstfassung bedeutsame Abweichungen und kann mithilfe der dort angegebenen Sekundärliteratur die Stilveränderungen verfolgen.

Märchen vom Rothkäppchen

Es war einmal eine kleine süße Dirne, die hatte jedermann lieb, der sie nur ansah, am allerliebsten aber ihre Großmutter, die wußte gar nicht, was sie alles dem Kinde geben sollte. Einmal schenkte sie ihm ein Käppchen von rotem Sammet, und weil ihm das so wohl stand und es nichts anders mehr tragen wollte, hieß es nur das Rotkäppchen. Eines Tages sprach seine Mutter zu ihm: „Komm, Rotkäppchen, da hast du ein Stück Kuchen und eine Flasche Wein, bring das der Großmutter hinaus; sie ist krank und schwach und wird sich daran laben. Mach dich auf, bevor es heiß wird, und wenn du hinauskommst, so geh hübsch sittsam und lauf nicht vom Weg ab, sonst fällst du und zerbrichst das Glas, und die Großmutter hat nichts. Und wenn du in ihre Stube kommst, so vergiß nicht, guten Morgen zu sagen, und guck nicht erst in alle Ecken herum."

„Ich will schon alles gut machen", sagte Rotkäppchen zur Mutter und gab ihr die Hand darauf. Die Großmutter aber wohnte draußen im Wald, eine halbe Stunde vom Dorf. Wie nun Rotkäppchen in den Wald kam, begegnete ihm der Wolf. Rotkäppchen aber wußte nicht, was das für ein böses Tier war, und fürchtete sich nicht vor ihm. „Guten Tag, Rotkäppchen", sprach er. „Schönen Dank, Wolf." „Wo hinaus so früh, Rotkäppchen?" „Zur Großmutter." „Was trägst du unter der Schürze?" „Kuchen und Wein: gestern haben wir gebacken, da soll sich die kranke und schwache Großmutter etwas zugut tun und sich damit stärken." „Rotkäppchen, wo wohnt deine Großmutter?" „Noch eine gute Viertelstunde weiter im Wald, unter den drei großen Eichbäumen, da steht ihr Haus, unten sind die Nußhecken, das wirst du ja wissen", sagte Rotkäppchen. Der Wolf dachte bei sich: „Das junge zarte Ding, das ist ein fetter Bissen, der wird noch besser schmecken als die Alte: du mußt es listig anfangen, damit du beide erschnappst." Da ging er ein Weilchen neben Rotkäppchen her, dann sprach er: „Rotkäppchen, sieh einmal die schönen Blumen, die ringsumher stehen, warum guckst du dich nicht um? Ich glaube, du hörst gar nicht, wie die Vöglein so lieblich singen? Du gehst ja für dich hin, als wenn du zur Schule gingst, und ist so lustig haußen in dem Wald."

Rotkäppchen schlug die Augen auf, und als es sah, wie die Sonnenstrahlen durch die Bäume hin und her tanzten und alles voll schöner Blumen stand, dachte es: „Wenn ich der Großmutter einen frischen Strauß mitbringe, der wird ihr auch Freude machen; es ist so früh am Tag, daß ich doch zu rechter Zeit ankomme", lief vom Wege ab in den Wald hinein und suchte Blumen. Und wenn es eine gebrochen hatte, meinte es, weiter hinaus stände eine schönere, und lief darnach, und geriet immer tiefer in den Wald hinein. Der Wolf aber ging geradeswegs nach dem Haus der Großmutter und klopfte an die Türe. „Wer ist draußen?" „Rotkäppchen, das bringt Kuchen und Wein, mach auf." „Drück nur auf die Klinke", rief die Großmutter, „ich bin zu schwach und kann nicht aufstehen." Der Wolf drückte auf die Klinke, die Türe sprang auf, und er ging, ohne ein Wort zu sprechen, gerade zum Bett der Großmutter und verschluckte sie. Dann tat er ihre Kleider an, setzte ihre Haube auf, legte sich in ihr Bett und zog die Vorhänge vor.

Rotkäppchen aber war nach den Blumen herumgelaufen, und als es so viel zusammen hatte, daß es keine mehr tragen konnte, fiel ihm die Großmutter wieder ein, und es machte sich auf den Weg zu ihr. Es wunderte sich, daß die Tür aufstand, und wie es in die Stube trat, so kam es ihm so seltsam darin vor, daß es dachte: „Ei, du mein Gott, wie ängstlich wird mir's heute zumut, und bin sonst so gerne bei der Großmutter!" Es rief „Guten Morgen", bekam aber keine Antwort. Darauf ging es zum Bett und zog die Vorhänge zurück: da lag die Großmutter und hatte die Haube tief ins Gesicht gesetzt und sah so wunderlich aus. „Ei, Großmutter, was hast du für große Ohren!" „Daß ich dich besser hören kann." „Ei, Großmutter, was hast du für große Augen!" „Daß ich dich besser sehen kann." „Ei, Großmutter, was hast du für große Hände!" „Daß ich dich besser packen kann." „Aber, Großmutter, was hast du für ein entsetzlich großes Maul!" „Daß ich dich besser fressen kann." Kaum hatte der Wolf das gesagt, so tat er einen Satz aus dem Bette und verschlang das arme Rotkäppchen.

Wie der Wolf sein Gelüsten gestillt hatte, legte er sich wieder ins Bett, schlief ein und fing an, überlaut zu schnarchen. Der Jäger ging eben an dem Haus vorbei und dachte: „Wie die alte Frau schnarcht, du mußt doch sehen, ob ihr etwas fehlt." Da trat er in die Stube, und wie er vor das Bette kam, so sah er, daß der Wolf darin lag. „Finde ich dich hier, du alter Sünder", sagte er, „ich habe dich lange gesucht." Nun wollte er seine Büchse anlegen, da fiel ihm ein, der Wolf könnte die Großmutter gefressen haben und sie wäre noch zu retten: schoß nicht, sondern nahm eine Schere und fing an, dem schlafenden Wolf den Bauch aufzuschneiden. Wie er ein paar Schnitte getan hatte, da sah er das rote Käppchen leuchten, und noch ein paar Schnitte, da sprang das Mädchen heraus und rief: „Ach wie war ich erschrocken, wie war's so dunkel in dem Wolf seinem Leib!" Und dann kam die alte Großmutter auch noch lebendig heraus und konnte kaum atmen. Rotkäppchen aber holte geschwind große Steine, damit füllte sie dem Wolf den Leib, und wie er aufwachte, wollte er fortspringen, aber die Steine waren so schwer, daß er gleich niedersank und sich totfiel.

Da waren alle drei vergnügt; der Jäger zog dem Wolf den Pelz ab und ging damit heim, die Großmutter aß den Kuchen und trank den Wein, den Rotkäppchen gebracht hatte, und erholte sich wieder, Rotkäppchen aber dachte: „Du willst dein Lebtag nicht wieder allein vom Wege ab in den Wald laufen, wenn dir's die Mutter verboten hat."

Es wird auch erzählt, daß einmal, als Rotkäppchen der alten Großmutter wieder Gebackenes brachte, ein anderer Wolf ihm zugesprochen und es vom Wege habe ableiten wollen. Rotkäppchen aber hütete sich und ging gerade fort seines Wegs und sagte der Großmutter, daß es dem Wolf begegnet wäre, der ihm guten Tag gewünscht, aber so bös aus den Augen geguckt hätte: „Wenn's nicht auf offner

Straße gewesen wäre, er hätte mich gefressen." „Komm",
sagte die Großmutter, „wir wollen die Türe verschließen,
daß er nicht herein kann." Bald darnach klopfte der Wolf
an und rief: „Mach auf, Großmutter, ich bin das Rotkäppchen, ich bring dir Gebackenes." Sie schwiegen aber
still und machten die Türe nicht auf: da schlich der Grau-
kopf etlichemal um das Haus, sprang endlich aufs Dach
und wollte warten, bis Rotkäppchen abends nach Haus
ginge, dann wollte er ihm nachschleichen und wollt's in
der Dunkelheit fressen. Aber die Großmutter merkte, was
er im Sinn hatte. Nun stand vor dem Haus ein großer
Steintrog, da sprach sie zu dem Kind: „Nimm den Eimer,
Rotkäppchen, gestern hab ich Würste gekocht, da trag das
Wasser, worin sie gekocht sind, in den Trog." Rotkäppchen trug so lange, bis der große, große Trog ganz voll
war. Da stieg der Geruch von den Würsten dem Wolf in
die Nase, er schnupperte und guckte hinab, endlich machte er den Hals so lang, daß er sich nicht mehr halten konnte und anfing zu rutschen: so rutschte er vom Dach herab, gerade in den großen Trog hinein, und ertrank. Rotkäppchen aber ging fröhlich nach Haus, und tat ihm niemand etwas zuleid.

Mit der Grimmschen Rotkäppchenversion wollen wir uns nun
ausführlich befassen. Die Konstruktion der Handlung hat
einige Schwachstellen, und auf den ersten Blick sind die un-
logisch erscheinenden Phänomene nicht weiter verwunder-
lich. Im Unbewußten existieren die heterogensten Vorstellungen nebeneinander, jedes Märchen greift in dieses Re-
servoir hinein, mischt realistische mit unrealistischen Be-
standteilen und hat eine eigentümliche Darstellungslogik, in
der Gedankensprünge nicht nur erlaubt, sondern oft auch

— im wörtlichen Sinne — erwünscht sind. Es darf jedoch gefragt werden, wo die Brüche zu Tage treten, was ihnen zugrunde liegt und wie sie beurteilt werden können. Es wird beispielsweise unterstellt, daß der Wolf nicht aufwacht, als man ihm den Bauch aufschneidet, und daß die beiden Opfer völlig unverletzt herauskommen, obwohl sie hätten ersticken können und obwohl sie der Wolf zerrissen haben müßte, um sie die Kehle hinunterzukriegen. Hier sind psychologische Motive wirksam, die durch eingehende Befunde aus der Kinderanalyse erwiesen werden können: viele kleine Kinder stellen sich die Geburt als Auftrennen des Bauches und als Hervorholen von etwas Verschlucktem vor, und die meisten von ihnen fassen den Tod als zeitweiliges Verschwinden auf. So gesehen, klingt es durchaus glaubwürdig, wenn die Märchenerzählung das Mädchen und die Oma gesund und munter aus dem aufgeschlitzten Bauch herauskommen läßt. Die absurde Außenweltsituation bringt eine reale Innenweltvorstellung zum Ausdruck, der buntscheckige Deckmantel birgt eine seelische Wahrheit. Der Handlungskonstruktion kann in diesem Punkt kein Vorwurf gemacht werden.

Anders ist es mit Brüchen, bei denen offensichtlich Rücksichten auf den Anstand am Werke sind, wie sie Wilhelm Grimm in allgemeiner Form eingesteht: in einer Vorrede schreibt er, es sei jeder Ausdruck, der für das Kindesalter nicht passe, sorgfältig gelöscht worden. Perraults anzüglicher Effekt, daß sich Rotkäppchen auszieht und zum Wolf ins Bett schlüpft, fällt mir nichts dir nichts weg, und der Wolf muß sich partout in die Kleider der Oma zwängen — sonst wäre er gegenüber Rotkäppchen nackt gewesen. Derlei französische Unsittlichkeit mochte man deutschen Kindern nicht zumuten. Als Ausweg scheint sich die Vor-

27

stellung anzubieten, daß die Großmutter ein Nachthemd anhatte und daß der Wolf sie samt diesem Hemd verschluckte, worauf er ihr Tageskleid überzog. Diese Lösung überzeugt nicht: wenn der Wolf sich unter der Bettdecke verkroch und die Haube tief ins Gesicht zog, brauchte er kein Tageskleid mehr als Tarnung, und wenn die Bettdecke nicht bis ans Kinn reichte, hätte das sichtbare Tageskleid nur Mißtrauen erweckt. Es bestehen drei Erklärungsmöglichkeiten. Erstens: der Wolf hat das Nachthemd mitverschluckt und sich dann das Tageskleid der Großmutter übergeworfen, was die genannten Einwände provoziert, ganz abgesehen davon, daß Nachthemden auch für Vielfresser keine Leckerbissen sind. Zweitens: der Wolf hat der Großmutter das Nachtkleid ausgezogen und es selbst übergestreift, was sich damit beißt, daß er spornstreichs auf sie losging und sie verschlang. Drittens: die Großmutter hat nackt im Bett gelegen, und der Wolf zog ihr Nachtgespenst oder ihr Tageskleid an, was schon daran scheitert, daß Großmütter im allgemeinen nicht nackt im Bett liegen, schon gar nicht, wenn sie krank sind. Man könnte sich noch ein paar andere Entkleidungs- und Bekleidungsmöglichkeiten ausdenken, aber in jedem Fall wird das Grimmsche Sittenmotiv deutlich. Hastig bestrebt, die Fassung zu bewahren und keinen nackten Wolf im Bett zu dulden, nimmt diese Version Ungereimtheiten in Kauf, die bei Perrault gar nicht auftreten können, denn der französische Wolf legt sich ohne Fisematenten so ins Bett, wie ihn die Natur geschaffen hat, und Rotkäppchen nimmt unbefangen und erstaunt wahr, wie ihre vermeintliche Großmutter ohne Kleider aussieht. Auch Perrault folgte dem Grundsatz, die Schicklichkeit zu wahren, aber manches an seiner Darstellung war für deutsche Ohren immer noch zu freizügig.

28

Das Problem des großmütterlichen Nachthemdes und die wundersame Rettung aus dem Wolfsbauch haben psychologische Erklärungen gefunden, die bereits den Argwohn des geneigten Lesers erregt haben mögen. Man höre aber und staune: es gibt noch eine viel dubiosere Spielart der Märcheninterpretation, jene nämlich, die allen Gegenständen flugs einen symbolischen Sinn beilegt, ohne den alternativen Deutungsmöglichkeiten ihr Recht einzuräumen und ohne sich mit näheren Begründungen abzugeben. Die Psychologie ist eine heikle Wissenschaft, deren Phantasie oft ins Unkraut schießt. Denkkraft, Wirklichkeitssinn und Textgenauigkeit sind nicht immer im Gleichgewicht mit der Intuition, die erraten, erspüren, hinter die Dinge blicken will. Jedes Objekt soll etwas anderes bedeuten — was aber, wenn die identifizierende Deutung unsicher ist und wenn es andere Interpretationen gibt, die mit gleichem Recht eine andere Entschlüsselung vorschlagen? Und was ist, wenn hinter manchen Dingen gar nichts mehr ist? Kann es der Psychologie nicht ebenso ergehen wie vielen philosophischen Metaphysiken, die hinter der Welt eine andere Welt wähnten und sich, wie Bloch spottete, mangels deutlicher Beweise und Argumente damit begnügen mußten, „im Drüben zu fischen"?

Die Fragwürdigkeit der symbolischen Märchendeutung zeigt sich am grellsten zu Beginn der Geschichte, bei dem roten Käppchen des kleinen Mädchens. Was hat man nicht alles hinter diesem Kleidungsstück vermutet! Psychologen, Mythologen, Philologen und andere Ogen bemühten sich krampfhaft, das vertrackte Ding zu dechiffrieren. Man erblickte darin die Menstruation, die verfrühte Übertragung sexueller Anziehungskraft, die Revolte gegen die elterliche Autorität, die Lebenslust, das aus dem Blut sprechende Ichgefühl, die Abschließung der Menschenseele nach oben hin, die rote Sonnenscheibe, die Morgenröte, den Frühling, das deutsche Recht, ein Koboldattribut, ein Mondattribut undsoweiter. So wie die vulgäre Abart des historischen Materialismus überall da, wo Analogien zwischen Basis und Überbau konstatierbar sind, ein Kausalverhältnis behauptet, sieht die Hauruckspielart der Märchendeutung überall da, wo Ähnlichkeiten zwischen Einzelobjekten und umfassenderen Bereichen bestehen, ein Symbolverhältnis. Es gibt reale gesellschaftliche Kausalverhältnisse und Symbolentsprechungen, aber nicht automatisch, nicht in jedem Fall und nicht aufgrund von schablonenhaften Koppelungen. Der psychologische Blick sollte nicht auf einzelne Gegenstände fixiert sein, aus denen auf Deubel komm raus eine symbolische Bedeutung herausgezaubert wird, sondern die lebendigen Kräfte und Konstellationen in Augenschein nehmen, die in bestimmten Situationen am Werk sind.

Die rote Kappe enthält nicht das Geheimnis Rotkäppchens. Sie ist keine Tarnkappe, hinter der sich der eigentliche Sinn des Ganzen verbirgt. Das Wesen der Rotkäppchenfigur liegt in dem, was sie tut, was sie sagt und was ihr widerfährt. Wer sich bei ihrer Kopfbedeckung aufhält, die am Anfang des Märchens genannt wird, bleibt auch in der Deutung am Anfang des Ganzen stecken. Was sich allenfalls sagen läßt, ist eine aus Erfahrungsberichten bestätigte Aussage: das auffällige Rot ist eine bevorzugte Farbe kleiner Kinder. Dieser Satz stimmt mit dem Märchentext überein, in dem es heißt, das kleine Mädchen wolle nichts anderes mehr als diese Kappe tragen. Zwar ist es merkwürdig, daß sonst nichts an dem Mädchen beschrieben wird, daß wir nichts erfahren über sein Aussehen, seinen Körper, sein Alter, nur die knappe Auskunft, es sei klein und überall wohlgelitten; die erzählerische Hervorhebung eines Merkmals reicht jedoch nicht aus, um die rote Kappe zum interpretatorischen Schlüssel zu machen. Sie hat eine magische Anziehungskraft auf viele Deuter ausgeübt, doch das gehört eher zur Psychologie der Interpreten als zur Psychologie des Märchens. Jeder sieht im Märchen, was er will, jeder ist sein eigenes Rotkäppchen — in der Satire, im Traum, in der Gedankenassoziation, in der Lektüre des Kindes ist das auch völlig legitim; wenn man hingegen den Anspruch erhebt, ein vorliegendes Märchen zu interpretieren, dann sind der Beliebigkeit Grenzen gesetzt, und zwar durch das, was in dem Text drinsteht und was sich zwanglos mit ihm in Einklang bringen läßt.

Der Anfang und der Schluß der Geschichte stoßen uns mit der Interpretennase auf die prinzipielle Problematik psychologischer Erklärungen. Gehen wir nun auf die fortlaufende Erzählung ein. Die rote Kappe ist ein Geschenk der Großmutter, sie und Rotkäppchen mögen sich, die Kleine ist gern bei ihr. Ohne Willkür läßt sich wohl sagen, daß hier ein häufig anzutreffendes Verhältnis zwischen der ganz jungen und der ganz alten Generation aufscheint; die Alten können nicht mehr alles tun, fühlen sich in die physische Schwäche der Anfangsjahre zurückversetzt, tragen sich mit Kindheitserinnerungen, haben selbst keine kleinen Kinder mehr und übertragen elterliche Liebe verstärkt auf die Enkel, die wiederum bei den Alten einen Bereich finden, wo sie nicht ständig von elterlichen Reglementierungen eingeschränkt werden und wo die ödipalen Verstrickungen keine große Rolle spielen. Rotkäppchen bekommt den Auftrag, der kranken und schwachen Großmutter, die im Walde wohnt, Kuchen und Wein zu bringen — eine Ausgangsszene, die den bäuerlichen, ländlichen Situationsraum des ganzen Märchens umreißt. Das Mädchen macht sich alsbald auf den

Weg. Es ist klein genug, um noch unter der elterlichen Fuchtel zu leben, aber groß genug, um Botengänge außer Haus zu erledigen und Schritte in die dunkle, unübersehbare Umgebung zu wagen. Es geht nicht in die weite Welt hinaus wie manche anderen Märchenfiguren, sondern von einem Haus zu einem zweiten und von einer vertrauten Person zu der nächsten; dazwischen liegt eine Wegstrecke mit mancherlei Tücken, die zu überwinden sind. Wenn man will, kann man das analog sehen zu der Weise, in der Kleinkinder die ersten tapsigen Schritte machen, und zwar von einem Erwachsenen, von dem es losstolpert, bis zum nächsten, der es auffängt. Diese Bemerkung ist aber weiß Gott nicht symbolisch gemeint.

Bevor Rotkäppchen losgeht, muß es sich Ermahnungen anhören. Üblich sind sie nicht überall, bei Perrault fehlen sie, in Deutschland geht es nicht ohne sie ab. Vor einer Zugreise heißt es dann oft, man solle die Klotür nicht mit der Abteiltür verwechseln, und vor einem Botengang, man solle hübsch artig sein und die Oma grüßen und nicht vom Wege laufen und nicht hinfallen und nichts zerbrechen. Die Sorge, Rotkäppchen könnte fallen, deutet darauf hin, daß es noch ziemlich jung ist — im ersten Satz wird es als kleine Dirn bezeichnet —, und das legt die Vermutung nahe, es sei noch im vorpubertären Alter. Der Redestil (,Lauf nicht vom Weg ab, sonst fällst du') paßt auch besser auf jüngere Hosen- und Rockmätze. Alle Interpretationen, die glatt behaupten oder aalglatt unterstellen, das Grimmsche Rotkäppchen sei eine Pubertierende, stehen und fallen mit dieser kaum begründbaren Ausgangsthese.

Die Kleine läßt die Verhaltensvorschriften auf sich herunterregnen und verspricht der Mutter den Gehorsam. Verbot und Versprechen sind in der Anfangsszene zentral, und in den Schlußworten kommt die starke Pädagogisierung des Märchens erneut zum Ausdruck: Rotkäppchen denkt im stillen, daß es nie wieder vom Weg abweichen wird, wenn die Mutter ein Verbot ausgesprochen hat. Statt einer äußerlichen, angehängten Moral wie bei Perrault ist bei den Grimms, die das Seelenleben des Mädchens konturieren und ihre ganze Märchensammlung als Erziehungsbuch verstehen, die Moral eine innere: die Erziehungsregel von außen wird eine innerlich akzeptierte Norm, und man darf annehmen, daß sich der Vorsatz, nicht mehr vom Weg abzuweichen, sowohl auf den Waldweg als auch auf den künftigen Lebensweg bezieht. Die elterliche Autorität wird bekräftigt, abweichendes Verhalten wird als gefährlich dargestellt, das Kind gibt dem Konformitätsdruck nach, streift die Naivität ab und entsagt der Lust auf die schönen Sachen links und rechts. Das Kind im Märchen macht selbst den Erziehungsprozeß durch, den die märchenhörenden Kinder nachvollziehen sollen. Glücklicherweise ist das Märchengeschehen nicht mit abgestandenen Verhaltenslehren und verinnerlichten Verboten erschöpft; der Zeigefingercharakter erstreckt sich auf die Rahmenhandlung, und das eigentlich Spannende, die Bettszene, kommt noch. Auf diesen Teil der Geschichte, in dem unsere Heldin vom Schicksal blitzschnell ereilt wird, ist die ganze Märchenhandlung angelegt.

Das kann man auch daran sehen, daß der Wolf, auf den das Mädchen im Walde trifft, nicht gleich kurzen Prozeß mit ihm macht. Bei Perrault werden ein paar Holzfäller vorgeschickt, die das Zögern und Abwarten des Wolfes begründen sollen; schon das ist nicht sehr überzeugend, denn an einem späteren Wegabschnitt, wo keine Holzfäller mehr waren, hätte der Wolf immer noch zuschlagen können. Bei Grimm finden wir nicht einmal die Holzfäller vor, und die

Unlogik der Konstruktion wird fadenscheinig verhüllt durch die Reflexion des Wolfes, er müsse sich überlegen, wie er beide, die Oma und das Mädchen, erwischen könne — eine Reflexion, die hinweghuscht über den auf der Pfote liegenden Einwand, daß ein junges, zartes Mädchen ein schmackhafterer Happen ist als eine alte Frau und daß er sich, wenn er schon beide verschlingen will, sofort die Kleine als Vorspeise genehmigen kann. Die Brüchigkeit der Handlungslogik hat offenbar dramaturgische Gründe: Spannung wird erzeugt, man fragt sich, was der Wolf noch alles im Schilde führt, und die furchteinflößende, aber auch lusterregende Bettszene, der Höhepunkt des Märchens, wird vorbereitet. Wenn die Vermutung stimmt, daß diese Szene der älteste Erzählungsteil ist, weil sie auf mythisch-magische Vorstellungen und Praktiken zurückgeht, dann könnte man den ganzen ersten Teil als spätere Hinzufügung verstehen, die einer Zuhörerschaft, der die archaischen Dinge nicht mehr präsent sind, das Zustandekommen der entmythologisierten Szene in Märchenform plausibel macht. Aber auch ohne diese Hypothese läßt sich das erzählerische Vorhaben, Spannung zu erzeugen, zu steigern und zu verlängern (notfalls auf Kosten der Handlungslogik), als Grund für die Hinausschiebung der Wolfsmahlzeit anführen.

Daß der Wolf Appetit auf Menschenfleisch hat, ahnt Rotkäppchen nicht. Es ist arglos und ohne Furcht. Im Text steht, daß es nicht weiß, was das für ein böses Tier ist. Das Nichtwissen entspringt einem Fühlen, das dem vermeintlichen Wissen der Erwachsenen überlegen ist: während die Legende vom bösen Wolf, die wie die meisten Erziehungsmärchen dem unbefangenen Kind die Angst eintreibt und sie nur teilweise wieder austreibt, an der biologischen Wirklichkeit vorbeigeht, empfinden kleine Kinder eine starke Verwandtschaft mit den Tieren, und die gemeinsame Sprache, die Tatsache, daß sich Märchentiere mit Menschen unterhalten, erscheint aufgrund dieses Brüderlichkeitsgefühls als natürlich. Wer Kinder beobachtet, sieht immer wieder mit Erstaunen, wie schnell und gut sie sich mit Tieren verständigen. Bezeichnend ist auch, daß in der Frage- und Verschlingszene die Ohren, die Augen, die Hände und das Maul angesprochen werden, lauter Körperteile, die wir mit Tieren wie dem Wolf teilen (die Unterschiede sind gradueller Natur). Kleine Kinder trennen nicht so scharf zwischen Mensch und Tier, und so nimmt es kein Wunder, daß Rotkäppchen zutraulich ist und mit dem Wolf redet. Es ist hier der Wolf, der Fragen stellt und von Rotkäppchen Antworten erhält; in der zweiten Begegnung ist es genau umgekehrt. Die Fragen beziehen sich auf das Ziel, die Mitbringsel und die Lage des großmütterlichen Hauses — alles Fragen, die aus der Situation heraus verständlich sind. Tiefschürfende Symbolgräber haben in der Frage, was Rotkäppchen unter der Schürze trage, eine sexuelle Anspielung gesehen; diese Tiefsinniererei ist eher auf Projektionen des Deuters als auf vergegenständlichte Projektionen im Märchen zurückzuführen. Ich sage das nicht in konservativer Absicht, um die Reinheit des Märchens gegen schmutzige Sexualphantasten zu schützen. Erotik in allen Ehren, nur: eine Mutmaßung ist kein Beweis, und eine Interpretation, die sich mit heiterem Symboleraten bescheidet, ist eine theoretische Schürzenjägerei und keine wirkliche Erklärung.

Auch im nächsten Erzählteil, dem verlockenden Hinweis des Wolfes auf die schöne Natur ringsum, ist keine direkte sexuelle Komponente spürbar, zumal die Grimmsche Fassung jeden direkten Bezug aufs Liebesleben verbannt und die Sexualität nur unterschwellig — zudem nicht in allen

Einzelheiten — mitschwingt. Wenn Isegrimm seine blumige Rede losläßt, so ist da zwar ein Verführer, aber nicht unbedingt ein geiler Bock im Wolfspelz am Werke. Er ist ein sublimer Lustprinzipienreiter und bringt die Natur, die Schönheit, das freie Umsichblicken, die Musik der Vögel, das lustige, freie, wilde Waldleben in Gegensatz zum geregelten Leben in der Gesellschaft: ‚Du gehst ja für dich hin, als wenn du zur Schule gingst.' Man kann darin den historischen Einfluß der Romantik erblicken, die das Naturerleben als Zuflucht vor dem grauen Alltag der bürgerlichen Pflichten empfand. Aber auch heute, unabhängig von der zeittypischen Färbung, fühlt man sich versucht, dem Wolf recht zu geben, dessen Rede umso verführerischer ist, als er die nackte Wahrheit zu sprechen scheint. Schade, daß es ein Tarnmanöver ist. Die List des Verstandes sagt die Wahrheit so, als verberge sich keine unlautere Absicht dahinter. Diesen Kniff wendet das gerissene reißende Tier an, um das Mädchen abzulenken und um Zeit zu gewinnen. Beim Grimmschen Rotkäppchen nutzt nicht der Schwache die List gegen den Starken — wie es Benjamins und Blochs Theorie entspräche —, sondern der Starke ist obendrein ein Ränkeschmied, und erst die Gewalt des Jägers bezwingt am Ende den vorläufigen Sieger.

Eine Einschränkung ergibt sich aus der zweiten Schlußversion, wo der Wolf erfolglos vorspiegelt, er sei Rotkäppchen, und danach einer Gegenlist erliegt: er lauert auf dem Dach und rutscht in einen Trog mit Wurstwasser. Dieser Ausgang ist ohne große Spannung und ein wenig läppisch. Erstens kann sich der Wolf schlecht als Rotkäppchen tarnen, wenn er sieht, daß die Kleine vor ihm auf der Hut ist und stracks zur Großmutter eilt, zweitens braucht er nur zuzuschnappen, als sie den Eimer mit Wurstwasser wiederholt zu dem Trog trägt, der vor dem Haus steht, drittens ist kein Wolf so dämlich, daß er vom Dach segelt und ausgerechnet in den Trog plumpst. Diese Geschichte nehmen wir niemandem ab, und sie hat sich auch kaum gegen die erste Schlußversion behauptet. Man könnte überlegen, ob die zweite Schlußversion von Müttern erfunden wurde, denen die Bettszene zu anstößig oder zu brutal war und deren Stolz es verletzte, daß sich ein strengerzogenes Mädchen durch den erstbesten Wolf vom Weg abbringen ließ. Vielleicht ist auch der Wunsch wirksam gewesen, das Schema ‚Männer handeln, Frauen leiden‘ umzukehren: Rotkäppchen und die Großmutter sind keine Naivlinge mehr, die sich leicht übertölpeln lassen; sie nehmen sich von Anfang an in Acht und bringen den Wolf ganz allein zur Strecke, ohne daß ein Jägersmann eingreifen muß. Bei dieser Version wird das freilich damit erkauft, daß der Wolf seinerseits als kompletter Tölpel dargestellt wird. Wie der Schlußteil meines Büchleins zeigt, gibt es plausiblere und lustigere Möglichkeiten einer Rollenumverteilung.

Unser guter böser Wolf aus der ersten Grimmschen Schlußversion ist nicht blöde, sondern schlau. Er setzt die Kleine mit lockenden Redensarten auf eine andere Fährte, sie folgt seinen Worten, schlägt die Augen auf und wird die Herrlichkeiten der Natur gewahr, verfällt ihnen allerdings nicht ganz — Pflicht und Neigung verknüpft sie zu einem bunten Blumenstrauß, mit dem sie die Großmutter, die sie besuchen soll, erfreuen will. Obwohl sie daran denkt, zur rechten Zeit anzukommen, verliert sie sich beim Anblick der Blumen und hört erst auf, als sie so viele gesammelt hat, daß sie keine mehr tragen kann. Wie das halt so ist bei der Erfüllung der Wünsche und beim Genuß der Schönheiten: man kriegt den Hals nicht voll und glaubt, sobald man etwas ergattert hat, daß um die nächste Ecke noch Schöneres zu finden ist. Das Lustprinzip scheint unersättlich zu sein und nach immer höheren Reizschwellen zu verlangen. Diese These wird nur in Fühlung mit dem Märchen angeführt und soll keineswegs hineingeheimnist werden.

Unterdessen läuft der Wolf geschwinde zum Haus der Großmutter und gibt sich als Rotkäppchen aus, um hineinzukommen. Das wäre gar nicht notwendig; es würde genügen, die Klinke zu drücken und die unverschlossene Tür zu öffnen. Bei Perrault muß ihm die Oma erst zurufen, wie der Öffnungsmechanismus — Pflock und Riegel — zu bedienen ist. Bei der Grimmschen Wiedergabe erhebt sich die Frage, warum der Wolf überhaupt klopft und nicht gleich versucht, sachte die Tür zu öffnen. Hier darf man dramaturgische und rezeptive Gründe vermuten, wenn man sich nicht mit der Annahme zufrieden geben will, daß der Wolf die Tür von vornherein für verschlossen hielt. Eine doppelte Verstellung — erst der Wolf als Rotkäppchen, dann der Wolf als Großmutter — ist lustiger und lädt die Spannung auf. Außerdem sind zwei Vorbilder für diese Darstellung vorhanden: die Perraultsche Fassung, aus der Pflock und Riegel weggelassen werden, zumal diese Verschlußart nicht für alle Leser genau verständlich ist, und das Geißleinmärchen, in dem die Tür tatsächlich verschlossen ist. Dieses Märchen hat die Situation insofern besser durchdacht, als die Geißlein den Wolf an der rauhen Stimme erkennen und durch gefressene Kreide getäuscht werden müssen. Die Frage, warum die Großmutter, auch wenn sie noch so krank und schwach ist, beim Klang der Wolfsstimme nicht argwöhnisch wird, ist durchaus berechtigt und ist auch nicht mit dem Satz abzuweisen, daß es im Märchen immer Absurditäten und Inkonsequenzen gebe. Wie das Geißleinmärchen illustriert, kann ein Märchen trotz der irrealen Ausgangssituation eine überzeugende

Handlungslogik besitzen. Es gibt gut komponierte und weniger gut komponierte Märchen; das Grimmsche Rotkäppchenmärchen gehört zu denen, die etwas ungeschickt zusammengestoppelt sind.

Das ändert wenig an seiner Faszination, und die ist hauptsächlich der Bettszene zu verdanken, welche nun endlich von allen Seiten her vorbereitet ist. Rotkäppchen kommt herbei, wundert sich, kriegt es mit der Angst zu tun und wagt sich dennoch zum Bett vor, um den Schleier des Geheimnisses zu lupfen und die Vorhänge zurückzuziehen. Kindliche Neugier und kindlicher Wagemut drängen die Angst zurück: anstatt wegzulaufen, geht es der Sache auf den Grund. Auch die Fragen zeugen von kindlicher Unbefangenheit; welcher Erwachsene würde sich schon getrauen, eine Frau zu fragen, warum sie so große Ohren habe? Eine Frage folgt der anderen, und die Antworten werden immer bedrohlicher. Damit ich dich besser hören kann – das klingt noch harmlos. Damit ich dich besser sehen kann – hier wird unter der Maske der Harmlosigkeit die Beute angepeilt. Damit ich dich besser fressen kann – jetzt ist die Katze aus dem Sack, und schnapp, wird das arme Mäuschen verschlungen. Diese stetige Steigerung der Spannung ist der dramaturgisch beste Teil des Märchens. Auch die unterschwellige Erotik kommt hier am deutlichsten und in gebündelter Form zum Ausdruck: das Bett mit den Vorhängen bildet das Ambiente, in dem das Auffressen als Vergewaltigung (physische Gewalt), als einverleibende Besitzergreifung (psychische Gewalt) und als spielerische Lust aufgefaßt werden kann (‚Ich könnte dich fressen vor Lust‘, sagt der Volksmund, wenn er eine Lippe riskiert). Sogar die prüden Grimms, die in der Erstfassung schrieben, daß der Wolf ‚den fetten Bissen erlangt hatte‘, formulierten später, daß er ‚sein Gelüsten gestillt hatte‘, was zumindest doppelsinnig klingt.

Kaum ist der Höhepunkt der Spannung erreicht, erscheint die Handlung wieder gezwungen und zurechtkonstruiert. Damit die Rettung überhaupt möglich wird, kommt zufällig ein Jäger genau an dem Haus vorbei, und auch der kann nur aufmerksam werden, weil der Wolf überlaut schnarcht. Wie einfach und glaubwürdig ist demgegenüber die Handlungslogik im Geißleinmärchen, wo die Mutter Futter holen geht und nach einer Weile zurückkommen muß! Nicht genug damit — der Jäger spaziert unverfroren in das Haus hinein, bloß weil ihn wundert, daß eine alte Frau so schnarchen kann, und scheut sich nicht, an ihr Bett heranzutreten. Das ist wirklich starker Tobak und läßt die Absicht der Märchentexter erkennen, mit aller Gewalt einen Retter herbeizuschaffen. Auch der Gedanke, daß der schnarchenden Frau etwas fehlen könne, ist ein hanebüchener Vorwand, denn außer Leuten, die nachts in einem Doppelbett zusammengepfercht sind, hat noch niemand am Schnarchen Anstoß genommen oder es gar für ein Krankheitssymptom gehalten.

Das eigentliche Ärgernis ist die politische Voraussetzung, die dem Leser untergeschoben wird: nicht von ungefähr wurde die ins Haus eindringende Jägerfigur in einem Land propagiert, wo Gewalteingriffe in das Privatleben seit altersher nahezu selbstverständlich erscheinen. Diese Bemerkung ist nicht persönlich gegen die Grimms gerichtet, die Mannesmut vor Königsthronen bewiesen haben und zu den wenigen aufrechten Gestalten der deutschen Geschichte zählen. Die fatalen Rezeptionslinien sind jedoch unübersehbar. Der sich wie ein Waldpolizist aufführende Jäger, der mißtrauisch wird, wenn mal jemand geräuschvoll schläft, und sofort mit der Tür ins Haus fällt, wurde widerspruchslos hingenommen — und das in einem Land, wo die Polizei zeitweilig die Gewohnheit entwickelte, bei jeder lauten Äußerung Verdacht zu schöpfen und ohne richterliche Erlaubnis in fremden Wohnungen herumzuschnüffeln.

Der Jäger kommt zu dem Schluß, daß der Wolf die Großmutter gefressen habe, daß sie noch zu retten sei und daß er besser nicht schießen solle. Die letzte Folgerung ist nicht zwingend, da er den Wolf ohne Gefahr für die Insassen in den Kopf schießen kann. Lassen wir das, wir haben zur Genüge gesehen, daß die positiv redigierte Märchenfassung alles in Kauf nimmt, um eine glückliche Wendung herbeizuführen, und daß die Brüchigkeit zum Teil, aber nur zum Teil, auf die Veranschaulichung kindlicher Geburtsvorstellungen hindeutet. Mithilfe einer Schere, die urplötzlich gerade bei der Hand ist, werden die Weiblein herausoperiert, und Rotkäppchen schafft schwere Steine heran (eine erzählerische Zumutung für ein kleines Mädchen), damit dem Wolf der Leib gestopft werden kann. Der Jäger hätte ihn nach der Befreiung der beiden wiederum totschießen können; doch noch einmal wird die Spannung verlängert, um die Bestrafung weidlich auszukosten. Zum Hohn bekommt der Wolf, statt der Opfer, dicke Wackersteine in den Bauch, an denen er zugrunde geht, worauf ihm der geschäftstüchtige Mann den Pelz abzieht. Das ist mindestens ebenso grausam wie die Gierhalsigkeit des Tieres, die rachsüchtigen Menschen haben dem Wolf gar nichts voraus. Der archaische, bis heute kaum gebrochene Egoismus unserer Spezies triumphiert und wird moralisch gerechtfertigt: böse ist das Tier, das den Menschen tötet, gut ist der Mensch, der das Tier tötet, und die Tat des Menschen, der im Grunde das Gleiche macht wie das Tier, wird als bloße Gegengewalt hingestellt — schließlich hat der Wolf angefangen.

Die Grausamkeit, die in der Erzählung herrscht, ist

weniger dem Märchen anzulasten als der Realität. Zwar leben wir kaum mehr in waldursprünglichen Zeiten, wo einsame Wanderer mit lebensgefährlichen Risiken rechnen mußten, aber jeden Tag berichten die Medien von verschwundenen, mißhandelten, getöteten Lebewesen. In unserer Welt, die objektiv grauenerregend und voll von Vergewaltigern, Mördern, Entführern ist, erfüllt sich der Sinn jenes berühmten Satzes, der unter der Hülle einer verabsolutierten anthropologischen Konstante gesellschaftliche Erfahrungen ausspricht: homo homini lupus est. Nicht der Wolf ist der Gegner des Menschen (außer in entlegenen Gebieten der Erde, und auch da ist die Situation von Legenden umwuchert) — der Mensch ist der ärgste Feind des Menschen. Das Rotkäppchenmärchen stellt nicht nur individualpsychologische Vorstellungen und Entwicklungsmöglichkeiten dar, sondern auch tatsächliche Bedrohlichkeiten der Außenwelt. Das rechtfertigt jedoch nicht den Zeigefingercharakter, der aus dem Arsenal entmündigender Rhetorik stammt und in manchen Fabeln der Kindergottesdienste wiederkehrt: da spielen kleine Kinder mit Schlangen, deren Gefährlichkeit sie nicht kennen, und können sich nur retten, indem sie bedingungslos dem warnenden Befehl Gottvaters folgen. In ähnlicher Weise sollen etliche Erziehungsmärchen den Gehorsam mittels schreckensvoll ausgemalter Beispielsituationen einbimsen. Die reale Gefahr wird übersteigert, und man suggeriert — besonders in sexualitätsfeindlicher Umgebung —, daß alle männlichen Verführer aggressiven Tieren gleichen. Geschickt nutzt diese Rhetorik ein Körnchen Wahrheit, um den Kindern einen Sack voll Verteufelungen aufzuladen. Das ist nicht die einzig mögliche Interpretation des Rotkäppchenmärchens, aber es läßt sich kaum leugnen, daß es einer solchen Deutung in der herkömmlichen Textgestalt wenig Widerstandsflächen bietet.

Zwecks wirksamer Eintrichterung der Verhaltensregeln tritt die elterliche Autorität zwiefach auf, das Märchen trägt sowohl matriarchalische als auch patriarchalische Züge. Die Mutter ermahnt das Kind am Anfang und gibt ihm Handlungsanweisungen, am Schluß gelobt das Kind, nie mehr das mütterliche Verbot zu übertreten. Der Vater erscheint — soviel darf man wohl ohne Gewaltsamkeit postulieren — in der Figur des Jägers, der dem Kind aus der Patsche hilft. Zumindest kann gesagt werden, daß die als starker Retter auftretende Jägerfigur paternales Gepräge hat. Der Jäger stärkt die elterliche Gewalt positiv, der Wolf negativ. Im Wolf vermummt sich fratzenhaft die den männlichen Verführern nachgesagte animalische Lust und Wildheit; er veranschaulicht, unter anderem, wie das Verlockende, Gewohnte, Vertraute urplötzlich fremd und unheimlich erscheinen kann. Wolf und Jäger sind die Aktiven, das Mädchen und die Großmutter die Schwachen und Passiven — das entspricht der traditionellen Rollenteilung von Mann und Frau (die Mutter gibt dem Kind nur Verhaltensgebote mit auf den Weg und ist ansonsten keine Handlungsträgerin). Eine symbolische Gleichsetzung Wolf gleich Mann wäre jedoch übereilt. Wie schon Freud andeutete, könnte der Umstand, daß der Wolf lebendige Wesen im Leib hat und im Bett liegt, an die Schwangerschaft erinnern und dem Tier gewisse weibliche Züge verleihen; die Vermutung wird von der Psychoanalytikerin Lilla Veszy-Wagner in ihrem Aufsatz ‚Little Red Riding Hoods on the Couch' mit analytischem Material erhärtet.

Freud hat seine Andeutungen zum Teil in Frageform formuliert, zumal er ohnehin vorsichtig bei der symbolischen Märchendeutung vorging. Leider haben sich nicht alle

45

Nachfolger die gleiche Zurückhaltung auferlegt, und dem Märchen folgte eine Horrorgeschichte: Rotkäppchen und die bösen Interpreten. Vor allem die Epigonen, die Freuds Theorien in verwässerter Form dem Bestsellerpublikum darbieten, haben sich hier hervorgetan. Greifen wir zwei berühmte unrühmliche Adepten heraus, Erich Fromm und Bruno Bettelheim. Eine psychologische Interpretation soll gewiß nicht pauschal zurückgewiesen werden, und die bisweilen erhobene Forderung, die Psychoanalyse solle sich tunlichst mit ihren extravaganten Spekulationen aus der Märchenforschung heraushalten, ist nicht mehr als eine abwehrende, diskussionsunwillige Handbewegung. Nur fragt es sich, ob die vorgelegte Deutung eine triftige Erklärung leistet oder ob sie Interpretation mit Tiefseeforschung verwechselt, die unten im Schlamm wühlt und an die Oberfläche zurückkehrt, um daselbst Wellen und Schaum zu schlagen. In einem anderen Bild — die Märchenforschung bewegt sich auf einem schmalen Grat vorwärts: einerseits kann sie sich im Klassifizieren von Märchenelementen, Märchenvarianten und Märchentypen erschöpfen, in einer flachen, geistlosen Tätigkeit des Sammelns und Einordnens, andererseits kann sie beim Bemühen, eine tiefere Interpretationsebene zu erreichen, in Abgründe taumeln und an den Klippen der Sache zerschellen.

Erich Fromm braucht nur ein paar Absätze, um mit dem Rotkäppchen fertigzuwerden:

Das Rotkäppchen ist eine gute Illustration für die Anschauungen Freuds und stellt gleichzeitig eine Variation des den männlich-weiblichen Konflikt behandelnden Themas dar, das wir in der Ödipus-Trilogie und im Schöpfungsmythos vorgefunden haben. Dies ist der Inhalt des

Märchens ... (es folgt eine Wiedergabe der Grimmschen Version)

Der größte Teil der Symbolik dieses Märchens kann ohne Schwierigkeit verstanden werden. Das „rote Samtkäppchen" ist ein Sinnbild der Menstruation. Das kleine Mädchen, von dessen Abenteuer wir hören, hat die weibliche Reife erreicht und sieht sich jetzt dem Sexualproblem gegenübergestellt.

Die Warnung, „nicht vom Pfade wegzulaufen", um „die Flasche nicht zu zerbrechen", ist eine deutliche Warnung vor den Gefahren der Sexualität und vor dem Verlust der Jungfräulichkeit.

Die sexuelle Gier des Wolfes wird durch den Anblick des Mädchens wachgerufen; er versucht es zu verführen, indem er ihm vorschlägt, „sich umzusehen und zu horchen, wie schön die Vögel singen". Rotkäppchen „blickt auf", und dem Rate des Wolfes folgend, gerät es „immer tiefer und tiefer in den Wald". Es tut dies mit einer bezeichnenden Begründung: um sich selbst zu überzeugen, daß nichts Böses dabei sei, sagt es sich, die Großmutter werde an den Blumen, die es ihr bringen werde, Freude haben.

Doch dieses Abweichen vom geraden Wege der Tugend wird schwer bestraft. Der Wolf, als Großmutter verkleidet, verschlingt das Rotkäppchen. Sobald er seinen Hunger gestillt hat, schläft er ein.

Bisher scheint das Märchen nur ein einfaches, moralisierendes Thema, die Gefahren der Sexualität, zu behandeln. Doch ist es komplizierter. Welches ist die Rolle des Mannes darin, und wie wird die Sexualität dargestellt?

Der Mann wird als ein rücksichtsloses und hinter-

47

listiges Tier und der Geschlechtsakt als kannibalische Handlung beschrieben, in der der Mann die Frau auffrißt. Diese Ansicht wird nicht von Frauen vertreten, die die Männer lieben und am Geschlechtlichen Lust empfinden. Es ist ein Ausdruck einer tiefen Abneigung gegenüber den Männern und der Sexualität. Der Haß und das Vorurteil gegenüber den Männern kommen am Ende der Erzählung sogar noch deutlicher zum Vorschein. Wieder, wie im babylonischen Mythos, müssen wir uns daran erinnern, daß die Überlegenheit der Frau in ihrer Fähigkeit besteht, Kinder zu gebären. Wie also wird der Wolf lächerlich gemacht? Indem gezeigt wird, daß er die Rolle einer schwangeren Frau zu spielen versuchte durch Einverleibung lebender Wesen in seinen Bauch. Rotkäppchen legt Steine, Symbole der Sterilität, in seinen Bauch, und der Wolf bricht zusammen und stirbt. Seine Tat wird nach dem primitiven Gesetz der Vergeltung, seinem Verbrechen entsprechend, bestraft: er wird durch die Steine getötet, die Symbole der Sterilität, wodurch seine Anmaßung, die Rolle einer schwangeren Frau zu spielen, verspottet wird.

Dieses Märchen, dessen Hauptfiguren Frauen aus drei Generationen sind (der Jäger am Schluß ist die herkömmliche Vatergestalt ohne wirkliche Bedeutung), erzählt uns vom männlich-weiblichen Konflikt; es ist eine Erzählung vom Triumph der männerhassenden Frauen.

In Fromms erster Formulierung („Das Rotkäppchen ist eine gute Illustration für die Anschauungen Freuds ...'') sind drei Dinge impliziert: der Anspruch, daß seine Interpretation mit den Ansichten Freuds übereinstimme, die der konkreten Untersuchung vorangestellte Behauptung, daß dieses Mär-

chen gut zu der Freud-Frommschen Theorie passe, und das Eingeständnis, daß es primär um eine Illustrierung psycho-analytischer Thesen und erst sekundär um das Märchen selbst gehe. Die drei Voraussetzungen bleiben ohne nähere Begründung und Reflexion, und auch die weiteren Ausführungen halten sich nicht mit Pro-Contra-Argumenten oder eingehenden Textanalysen auf. Zunächst wird konstatiert, daß hier eine Symbolik vorhanden sei und daß deren Verständnis keine großen Schwierigkeiten bereite — ein handfester Bluff, der sich nicht auf die naheliegende Frage einläßt, ob überhaupt Symbole drinstecken, und der Schwierigkeiten beiseite schiebt, indem er sie für nichtvorhanden erklärt. Sodann wird das erste Objekt genannt und bekommt im gleichen Satz ein Schild mit seiner Bedeutung umgehängt; kein Wort fällt über die mannigfachen Deutungen des Käppchens, die in der bisherigen Literatur versucht worden sind, kein Wort wird darüber verloren, ob man aus dem Text begründen kann, daß Rotkäppchen schon alt genug ist, um eine Menstruation zu haben. Es wird lediglich im Ton einer Tatsachenfeststellung gesagt, es habe die weibliche Reife erreicht. Dieser handstreichartigen Deutung stehen außer den Textangaben, die eher auf ein vorpubertäres Alter schließen lassen, die Ergebnisse von Lilla Veszy-Wagner entgegen, die aus Gesprächen mit Patienten nachweisen kann, daß die Menstruation in keinem Fall mit dem roten Käppchen in Verbindung gebracht wird. Gewiß konnte Fromm die spätere Arbeit von Veszy-Wagner nicht kennen, die sich überdies auf das Märchenverständnis der Analysanden gründet, aber er hätte sich sehr wohl die Mühe machen können, Assoziationen empirisch zu überprüfen und die Symboldeutung an klinischen Erfahrungen zu messen, anstatt drauflos zu interpretieren und Erwägungen durch schlichte Identifikationen zu ersetzen. Schon der Stil ist verräterisch; es heißt nicht: ,Die rote Kappe könnte als Sinnbild der Menstruation aufgefaßt werden, weil ...', sondern: ,Das rote Samtkäppchen ist ein Sinnbild der Menstruation', bums aus. Es folgt ein Punkt und gleich die nächste Behauptung. Der knappe, begründungslose Stil hat in der Aphoristik seine Berechtigung, falls der Satz glanzvoll formuliert und intensiv durchdacht ist; in der Psychologie ist er fehl am Platz, vor allem, wenn er den Gedankenprozeß abwürgt, anstatt ihn pointiert zusammenzufassen und weiter anzuregen.

Im gleichen argumentlosen Iststil geht es weiter: die Ermahnung der Mutter, die Flasche nicht zu zerbrechen, wird umstandslos als Warnung vor der möglichen Defloration gewertet. Diesem Entzifferungsversuch liegt die Gleichsetzung der Flasche mit der jungfräulichen Vagina zugrunde — eine These, die Fromm feinsinnigerweise nicht ausspricht, ohne die aber seine Übersetzung gänzlich absurd wäre. Ich unterschiebe ihm nicht etwa diese Identifikation, sondern weise darauf hin, daß die Warnung vor dem drohenden Verlust der Jungfräulichkeit nur dann als halbwegs sinnvolle Deutung erscheinen kann, wenn das Zerbrechen der Flasche die genannte Bedeutung hat. Die Identifikation hat außer einer entfernten Analogie nichts an Evidenz aufzuweisen: erstens taucht die Flasche in der Perraultschen Version, welche die sexuellen Anklänge stärker betont, überhaupt nicht auf (Paul Delarue und Marc Soriano haben hervorgehoben, daß sich Fromms Interpretation hauptsächlich auf Grimmsche Textzutaten stützt, die in den Ursprungsversionen nicht zu finden sind), zweitens läßt sich der Satz der Mutter ohne weiteres als alltägliche Ermahnung verstehen, die auch ohne symbolische Erklärung voll aus der Situation verständlich ist (die Vermutung symbolischer

51

Bedeutungen hat doch eher dann einen Sinn, wenn ohne sie ein Rest an Unverständlichkeit bliebe), drittens muß die stellvertretende Funktion der Flasche, selbst wenn sie in bestimmten Fällen beweisbar ist — aber nicht einmal diese Beweismühe macht sich Fromm — keineswegs immer wirksam sein (Symbolbedeutungen sind nichts ein für allemal Feststehendes, sondern ergeben sich aus den jeweiligen Zusammenhängen und Traditionen; wäre es anders, so bräuchte man bei jeder Bedeutungssuche nur im Symbollexikon nachzuschlagen und hätte sogleich den Sinn parat), viertens muß nicht jedes einzelne Objekt im Märchen eine symbolische Bedeutung haben (der Hang zu lückenloser Entschlüsselung scheint symptomatisch für eine interpretatorische Zwangsneurose zu sein).

Bei Fromm wird die zwanghafte Subsumierung noch eine Weile fortgesetzt: die Verschlingszene ist ein Geschlechtsakt (eine nicht unrichtige These, die aber keineswegs alle Bedeutungselemente umschließt), die Wackersteine sind Symbole der Sterilität (eine Gleichsetzung, die uns Fromm in einer kurzen Apposition unterjubelt und die komplementär zur Schwangerschaftshypothese steht, sonst jedoch ohne nähere Erläuterung bleibt), und der rettenden Jägerfigur wird jede wirkliche Bedeutung abgesprochen, damit das Davonkommen des kleinen Mädchens und der alten Großmutter als Triumph männerhassender Frauen gedeutet werden kann (ein rhetorischer Gewaltakt, der fast allem widerspricht, was wir in der Geschichte über die handlungstragenden Personen hören). Summa summarum: hier hat ein symbolhungriger Märchendeuter auf der Couch gelegen und hat den Text gar nicht erst an sich herankommen lassen, sondern ist kurz aufgesprungen, um ihm den Kopf abzureißen.

In Bruno Bettelheims Buch ‚Kinder brauchen Märchen‘ (München 1980, S. 191-211) geht es etwas differenzierter zu. Bettelheim peilt das Rotkäppchenmärchen nicht über den Daumen an, sondern hat sich intensiv Gedanken gemacht, einen Teil der Literatur studiert und einige andere Versionen hinzugenommen. Sehr treffend charakterisiert er Perrault, der den Stoff „verniedlicht“ und streckenweise so spricht, „als ob er den Erwachsenen über die Köpfe der Kinder hinweg zublinzele“ (193). Bei der Interpretation geht er behutsamer vor und legt Wert darauf, daß gute Märchen auf mehreren Ebenen Sinn besitzen, was bedeutet, daß sie nicht auf einen einzigen Symbolbereich reduzierbar sind. Aber auch Bettelheim gerät bei der Suche nach immer schöneren Deutungsmöglichkeiten immer tiefer ins dornige Gestrüpp. Die rote Kappe hat ihm zufolge eine ausschlaggebende Bedeutung und kann als „Symbol einer verfrühten Übertragung sexueller Anziehungskraft“ (199) verstanden werden. Obgleich das vorsichtiger formuliert ist als bei Fromm, zeigt es eine ähnliche Voraussetzung an: auch Bettelheim interpretiert Rotkäppchen im Zusammenhang mit der Pubertät (197), und diese Ausgangsbasis läßt sich mit den herangezogenen Märchentexten, wo es überwiegend als kleines Mädchen dargestellt wird, kaum vereinbaren. Wenn Rotkäppchen dem Wolf erzählt, wo die Oma wohnt, so deutet er dies als unbewußten Wunsch, eine erfahrene Nebenbuhlerin loszuwerden; zugleich wolle die Kleine den Wolf von sich ablenken und ihn bei einer erwachsenen Frau das finden lassen, wofür ihre knospende Sexualität noch nicht reif sei (198 f.). Daß beide Motive in Widerspruch zueinander stehen, erklärt Bettelheim kurzerhand aus der Ambivalenz Rotkäppchens. Selbst wenn man diese Ambivalenz, die etwas konstruiert wirkt, gelten läßt, kann man vier konträre Punkte aus dem Grimmschen Text anführen: zunächst einmal ist das Mädchen offenherzig, weil es noch ohne Arg ist und in dem Wolf keinen Bösewicht erblickt, zum anderen drängt es dem Wolf die Informationen über die Großmutter nicht auf, sondern gibt diese Auskünfte erst auf ausdrückliche Befragung, ferner ist von einer innigen Beziehung zwischen Oma und Enkelin die Rede und nirgendwo von Spannungen, außerdem ist die Großmutter alt, krank und schwach, also keine Frau mehr, die als erotische Rivalin agieren kann. All diese Sperrigkeiten stören Bettelheim nicht.

Daß der Wolf sich nicht gleich an Rotkäppchen und stattdessen erst an die Großmutter hält, erklärt er mit einem windschief zurechtgezimmerten Gedankengebäude. Auf einer Ebene versteht er dies so: der Wolf will mit dem Mädchen ins Bett gehen, bevor er es verschlingt. Auf einer anderen Ebene so: um an Rotkäppchen heranzukommen, muß der Wolf, in dem sich der Vater verbirgt, erst die Mutter in Form der Großmutter beseitigen (201). Dieser Tatverdacht muß, um einen Anstrich von Stichhaltigkeit zu haben, vier Unterstellungen machen. Erstens wird der Wolf als Vater identifiziert, was schon eine Simplifizierung darstellt, da der Wolf auch gewisse weibliche Aspekte hat. Zweitens wird die Großmutter unbesehen mit der Mutter gleichgesetzt — eine Gewaltsamkeit, die durch die Bettelheimsche Orthographie ,(Groß-)Mutter' (201) nicht viel an Überzeugungskraft gewinnt. Drittens müßte verständlich gemacht werden, wie sich der Vater nach dem Tod der Mutter überhaupt an die Tochter heranwagen kann; der Hinweis (201) auf Bauernkulturen, wo die älteste Tochter beim Tod der Mutter deren Platz in jeder Hinsicht einnahm, suggeriert Konvergenzen zwischen völlig verschiedenen Weltbereichen. Viertens hätte der Wolf, wenn er schon vor der Mahlzeit mit Rotkäppchen schlafen wollte, gleich auf einer Waldwiese loslegen können, was womöglich schöner als im Bett gewesen wäre; Bettelheim bleibt uns die Begründung schuldig, warum es denn immer im Schlafzimmer geschehen soll.

Ähnlich scheinlogisch behandelt er die Frage, wieso der Wolf nicht stirbt, als man ihm den Bauch aufschneidet. Seine Deutelei veranschaulicht trefflich, wie eine vorgefaßte Generalisierung die konkrete Beweisführung steuert:

> Das Märchen schützt das Kind vor überflüssiger Angst. Wenn der Wolf daran sterben würde, daß ihm der Bauch wie bei einem Kaiserschnitt aufgeschnitten wird, könnte der Zuhörer Angst bekommen, ein Kind, das aus dem Leib der Mutter kommt, könnte sie dabei töten. (205)

Vorneweg stolziert ein orakelhaftes Diktum, das so tut, als ob das Märchen ohnehin das Kind vor überflüssiger Angst bewahre und als ob dies auch im konkreten Beispiel der Fall sei — ein feiner Trick, der das Verhältnis von Nachweis und Behauptung umdreht. Gegen den nachfolgenden Satz, welcher schlicht voraussetzt, daß Märchen im Hinblick auf die Psychologie der Zuhörer zusammengebastelt werden, kann folgendes Argument ins Feld geführt werden: wenn Kinder sowieso nicht richtig verstehen, was eigentlich der Tod ist, braucht man sie auch nicht vor der entsprechenden Angst zu schützen, ganz abgesehen von der Frage, ob sich kleine Kinder vorstellen, daß der die Mutter repräsentierende Wolf bei einer Geburt eventuell draufgeht. Außerdem ist gerade das Rotkäppchenmärchen eines der schlechtesten Beispiele für die Lehre, daß Märchen vor überflüssiger Angst schützen: dem Kind im Märchen und dem märchenhörenden Kind wird Angst vor dem vermeintlichen bösen Wolf eingeimpft, und auch wenn das Tier zum Schluß besiegt wird, bleibt sein furchterregendes Schreckbild in der Vorstellung erhalten. Anne-Marie Tausch hat empirisch nachgewiesen, daß bei Kindern und Erwachsenen, die sich an Rotkäppchen und an ähnliche Märchen erinnern, Trauer und Angst auslösende Situationen deutlich vorherrschen.

Fataler als die logischen Bocksprünge ist die konformistische Ausrichtung der Interpretation: die elterliche Autorität, die bei den Grimms gestärkt aus dem Geschehen hervorgeht, wird ausdrücklich bekräftigt. Bettelheims Theorie macht die Märchen zum unentbehrlichen Bestandstück antirebellischer Pädagogik, und das erklärt den Erfolg seines Buches, das in der modischen Märchenwelle obenauf mitschwamm. Für Rotkäppchen, schreibt er im Predigerton, ist es zwar vorübergehend notwendig gewesen, vom vorgezeichneten Weg abzuweichen, aber nun hat es

> gelernt, daß es weit besser ist, nicht gegen die Mutter aufzubegehren und nicht zu versuchen, zu verführen oder sich von den gefährlichen Aspekten des Mannes verführen zu lassen. ... Es hat gelernt, daß es besser ist, Vater und Mutter und ihre Werte tiefer und auf eine erwachsenere Weise in sein Über-Ich einzubauen ... (208 f.).

Das arme Rotkäppchen muß zu Kreuze kriechen, der Lust und Freiheit entsagen, sich im Oberstübchen des Gehirns gesellschaftliche Kontrollinstanzen einbauen lassen und ein angepaßtes, kreuzbraves Fräulein werden. Der Drang zur Positivität, der schon etliche Märchenfassungen zurechtredigiert hat, ist nun auch theoretisch vollendet.

In der Didaktik ist die reglementierende Märcheninterpretation seit langem gang und gäbe. Das reicht bis in sprechtechnische Feinheiten hinein. Schon in Perraults Manuskript vom Ende des 17. Jahrhunderts steht, wie Marc Soriano herausgefunden hat, die Randbemerkung: ,,Um dem Kind Angst zu machen, spricht man diese Worte mit lauter Stimme, als ob der Wolf drauf und dran sei, es zu fressen.'' Widerwärtiger als solche Regieanweisungen sind didaktische Aufbereitungen, die unbedingt eine Lebenslehre aus dem Märchen extrahieren wollen, um sie den Kindern tropfenweise zu verabreichen. Gegen Ende des letzten Jahrhunderts hörte sich das so an:

Rotkäppchen hatte viele Angst ausstehen müssen, aber es war selbst daran schuld. Wieso? Es hatte nicht auf die Mutter gehört. Es hatte nicht mehr an das Gebot der Mutter gedacht. Es hatte sich vom Wolfe verlocken lassen in den Wald. Es war dem Worte des Wolfes gefolgt. Und der Wolf war doch ein Bösewicht. Es war vom rechten Wege abgewichen und auf Abwege geraten. Aber endlich ist es ja wieder auf den richtigen Weg gekommen. Denn es hatte sich an das Gebot der Mutter erinnert. ... Wenn dich die bösen Buben locken, so folge ihnen nicht. Laß dich nicht verführen! Geh nicht ab vom richtigen (rechten) Wege! Gibt es böse Buben auch in der Stadt? Auch in unserer Stadt? O ja. ... Was wollen sie? Sie locken, sie wollen verführen, vom richtigen Wege, dem zur Schule, abbringen. Wie kann man's da klüger machen, als Rotkäppchen tat? Sagen: Nein! Und nicht mehr darauf hören.'' (Rein/Pickel/Scheller, Das erste Schuljahr)

Achtzig Jahre später hört es sich nicht viel besser, nur etwas moderner an. In dem Buch ,Märchen als Schlüssel der Welt', wo das Rotkäppchenmärchen mit dem Ratschlag versehen ist: „Besonders gut im Frühling zu erzählen, wenn schon alle Wiesen blühen", wird die moralische Nutzanwendung unter anderem so gezogen:

> Hinterlistige Lust, die verschlingen will, ist böse. ... Auf dem rechten Weg bleiben ist gut. ... Ein erfrischendes Märchen, bei dem die in Bilder versteckten erotischen Anspielungen auffallen, die deutlich genug, aber — gegenüber den heute üblichen groben sexuellen Aufklärungspraktiken — zart-zurückgenommen sind. ... Die Kinder sollten den Jäger als den kennenlernen, der für den Wald und seine Ordnung (für die Ökologie) mitverantwortlich ist. Er hat dafür zu sorgen, daß die Tierarten in unseren Wäldern erhalten bleiben, aber auch dafür, daß die überzähligen und Schaden anrichtenden Tiere zur rechten Zeit geschossen werden. Wenn wir uns wuchernden Urwald vorstellen, dann erkennen wir den Jäger oder auch Förster als Repräsentanten und Garanten einer Ordnung, die in einer kultivierten Welt notwendig ist ...

Das Märchen dient in solchen Interpretationen als bloßes Vehikel, um eine ethische Botschaft an das Kind zu bringen. Die didaktische Indienstnahme aus Ostdeutschland, die nach dem Bericht Sabine Brandts in Rotkäppchens Botengang zur Großmutter den Sinn sieht, daß in Kindern der Wunsch geweckt wird, erste gesellschaftliche Pflichten zu übernehmen, ist da genauso albern und auch genauso bürgerlich wie die westdeutsche Einpaukung gehorsamen Verhaltens. Als eine westdeutsche Zeitschrift einmal eine umgeschriebene Rotkäppchengeschichte Otto Gmelins abdruckte, hagelte es Leserbriefe, die sich gegen die Neufassung sträubten und an der Positivität festhielten:

Die Märchen ... sind die einzige heile Welt, die den Kindern unserer Zeit geblieben ist. Märchen haben nie Schlechtes getan und werden dies auch nie tun ... Machen Sie doch kein Experiment ... Rotkäppchen gehört zu den guten. Dieses braucht man gewiß nicht zu ändern. ... Es sollte in erster Linie das Positive eines Märchens gesucht werden, wie z. B.: ‚Siehst du, das Rotkäppchen wird sicher nun der Mutter besser gehorchen‘ ... Das Kleinkind lernt im alten Rotkäppchen das Gehorchen kennen.

Gegen die didaktische Zurichtung und gegen die Übermacht herkömmlicher Texte setzen sich die neueren Rotkäppchenversionen zur Wehr, die davon ausgehen, daß es keine unantastbare, absolut richtige, ein für allemal gültige Märchenfassung gibt. ‚Das Rotkäppchen‘ existiert nicht. Die Grimmsche Version, die bekannteste, ist nur eine von vielen und nicht einmal die beste: trotz mancher packender Momente ist sie ein wenig volksdümmlich und ziemlich löchrig zusammengeflickt. Auch die tiefere Bedeutungsebene ist kein Born quellender Wahrheit. Wer lauthals die Weisheit der Volksmärchen preist, hat ideologische Absichten im Hinterkopf, und wer den Ruf erschallen läßt: „Kinder brauchen Märchen", muß auf die Frage gefaßt sein: „Ja bittschön, welche Kinder, und welche Märchen?" Diese Frage regt viele moderne Rotkäppchenvariationen an. Ein autonomer Mensch ist man nicht dann geworden, wenn man Rotkäppchens Beispiel folgt und mit den alten Ammenmärchen die Milch der traditionellen Denkart in sich aufsaugt, sondern durch Erfindung persönlicher Versionen und Interpretationen. Märchenvariieren ist ein Denken in Bildern, das sowohl einzelne Metaphern und Bildräume als auch ganze Erzählungen umgestaltet. Märchen, die Bilder von uns selbst

Ging Rothkäppchen durch die Straßen des Dorfs, so blieben alle Leute, große und kleine, stehen, und sahen ihm nach.

Die Mütter aber zeigten es ihren eignen Kindern und sagten: „da geht Rothkäppchen! Ach wenn Ihr doch auch so hübsch, aber auch so brav und so freundlich würdet!"

darstellen, können so weitergedacht werden, daß sich gleichzeitig unser eigenes Wesen verändert. Einerseits wird man erwachsen: die für Fleisch und Blut gehaltenen Märchenfiguren erweisen sich als Ausgeburten gesellschaftlicher Phantasie, und die mit ehrfürchtigem Staunen gehörten Geschichten stellen sich als Textmixturen merkwürdiger Abkunft heraus. Andererseits bedeutet es, daß man die eigene Kindheit wiedergewinnt und den spielerischen Drang in neuen, heiteren, individuellen Gestalten objektiviert. Die Märchenumgestalter, die nicht mehr wie viele kleine Kinder auf wortwörtlicher Wiederholung des Textes bestehen, sondern repetitive Kindheit in kreative Kindheit verwandeln, tun Ähnliches wie der Volksmund vor Jahrhunderten, und auch mit gleichem Recht: ein vorgegebener Stoff wird zum Medium neuer Gedanken, neuer Ausdrucksbedürfnisse und neuer Sozialprozesse. Was man erbt von den Vorfahren, wird kritisiert, umgedeutet und neu in Besitz genommen. Wer über die Entweihung sakrosankter Texte zetert, sei darauf hingewiesen, daß auch Perrault, Tieck und Grimm nur Umformungen eines alten Motivs vorgelegt haben. Diese älteren Neubearbeitungen sollen keineswegs durch die allerneuesten ersetzt werden; plädiert wird hier nicht für ein Verbot der traditionellen Versionen oder für zensierte Ausgaben. Alte und neue Darstellungen können bunt nebeneinander leben. In der Vielfalt aller Denkmöglichkeiten entfaltet sich der volle Charme des Märchenstoffs.

Die Veröffentlichung der Grimmschen Märchen hat eine erkleckliche Parodienflut hervorgerufen (daneben gab es eine Fülle von anderen Bearbeitungen – die Probe auf der linken Seite wurde einem Buch Gustav Holtings aus dem Jahre 1840 entnommen). Vor allem im 20. Jahrhundert hat es den Anschein, als sei das Schreiben von Rotkäppchenversionen ein intellektueller Volkssport in Deutschland. Diese Nachgeschichte des Märchens ist bedeutend lustiger als seine Vorgeschichte, und wir wollen der Versuchung widerstehen, den Witz der Sache hinwegzuerklären — einer Versuchung, der man bei der psychologischen Interpretation leicht erliegt. Für Leute, denen die Freude an der Sprache abhanden gekommen ist und die dem akademischen Aberglauben verfallen sind, daß eine saubere Auflistung verschiedener Klassifikationsmerkmale das Wesen einer Sache erfaßt, könnte man eine detaillierte Tabelle mit I und 1 und A und a aufstellen, um die neueren Rotkäppchenvariationen in Gruppen, Subgruppen und andere Suppen zu streuen. Es wäre auch möglich, langwierig darüber zu debattieren, welche Variationen zu den Oberbegriffen Parodie, Travestie und Satire zu sortieren sind, aber die Abgrenzung ästhetischer Gattungsbegriffe geht nicht immer auf und ist oft nur mit definitorischen Willkürakten zu leisten, die das zertrennen, was sich in Wirklichkeit überlappt, und die über der reinlichen Kategorienscheidung die Sache selbst vernachlässigen. Lassen wir ab von der Schubladenschiebung, und nehmen wir das Märchen nicht mehr so schrecklich ernst!

Erwähnen wir zu Beginn die psychologischen Variationen. Wenn man tiefenpsychologische Interpreten wie Fromm liest, findet man Juvenals Satz bestätigt, daß es schwierig ist, keine Satire zu schreiben. Anders ist es mit jenen psychologischen Märchenversionen bestellt, die von Kindern oder von erwachsenen Patienten stammen. Ottokar Wittgenstein hat dargelegt, wie Lebensängste und Lebensschicksale in zurechtfrisierten Märchenvariationen zum Ausdruck kommen: Lücken und Umformungen weisen auf entsprechende Geschehnisse in der individuellen Biographie. Lilla Veszy-Wagner hat das Rotkäppchenmärchen in aufschlußreichen

Träumen ihrer Patienten wiedergefunden und durch freie Assoziation die Bedeutung der jeweils intendierten Vorstellungen klären lassen. Interessant ist auch ein völkerpsychologisches Experiment, das in einer Mädchenschule stattfand, wo gleichaltrige Kinder deutscher und französischer Eltern gemeinsam unterrichtet wurden; sie bekamen — nach der Wiedergabe Lutz Röhrichs — das Grimmsche Rotkäppchenmärchen vorgelesen und zeichneten es dann. Das Experiment verrät eine Menge über die unterschiedlichen nationalen Sozialisationsformen.

Alle deutschen Mädchen der Klasse hatten Rotkäppchen mit blonden Zöpfen gemalt; Ausdruck und Haltung der Heldin waren kindlich naiv und ängstlich zurückhaltend. Der Wolf dagegen wurde als ein Wesen dämonischer Mächtigkeit empfunden. Der Wolf der zehnjährigen Französinnen wirkte daneben hundeartig domestiziert, und es fehlten ihm ganz die dämonischen Züge. Rotkäppchen zeigte auch keine Angst vor ihm, sondern begegnete ihm mit einem graziösen Knicks. Die Heldin war nicht mehr als Kind gezeichnet, sondern als eine selbstbewußte erwachsene kleine Dame, und natürlich hatte Rotkäppchen schwarzes Haar unter seinem zierlichen roten Häubchen, das sich kokett abhob von der kindlichen Zipfelmütze des deutschen Gegenstücks.

Die Mehrzahl der neueren Rotkäppchenvariationen bilden die künstlerischen Versionen. Da gibt es Kabarettszenen, Schallplatten, Hörspiele, Filme, Prosadialoge, ja sogar ein Musical und ein Chorwerk. Besonders beliebt ist Rotkäppchen bei den Schreibern von szenischen Spielen und Stücken. Daß Märchenmotive immer stärker verwendet werden, hängt mit

Veränderungen des Kollektivbewußtseins zusammen. Eine davon ist der Schwund historischen Wissens. Früher bezogen die Stückeschreiber ihre Stoffe mit Vorliebe aus den griechischen und römischen Mythen, aber weil diese im Gedächtnis der Völker verblassen und man inzwischen Leute trifft, die Achilles für einen Fußballer mit verletzter Sehne halten, greifen die Dramatiker häufiger zu den Märchen, die praktisch jeder in früher Kindheit kennenlernt und sein Leben lang behält. Nicht alle diese Bearbeitungen sind gelungen, und nicht überall findet man so gewitzte Dialoge wie die von Jewgenij Schwarz:

> Mutter: Mädchen, denk daran, wenn du am Hochmoor vorbeikommst, stolpere nicht, rutsch nicht aus, paß auf, wo du hintrittst, und fall nicht ins Wasser.
> Rotkäppchen: Und du, Mama, wenn du Papas Hemd zuschneidest, mach dir keine Gedanken, schau nicht zum Fenster, sorg dich nicht um mich, sonst schneidest du dir wieder in den Finger.
> Mutter: Wenn es regnet oder plötzlich ein kalter Wind weht, dann, Mädchen, atme durch die Nase und mach den Mund zu.
> Rotkäppchen: Und du, Mama, stecke Schere, Nadelbüchse, Fingerhut und Zwirnrolle, die Schlüssel zur Speisekammer, zum Schrank und zur Uhr immer schön in die Schürzentasche. Verleg sie nicht wieder. Wer soll sie wiederfinden, Mama, wenn ich nicht da bin?

Rotkäppchen nimmt die Worte der Mutter scheinbar für bare Münze und zahlt ihr mit gleichem Wechselgeld zurück. Das Ermahnritual wird umgewendet und fällt auf den Urheber zurück. Der Dialog verdankt seine Wirksamkeit hauptsächlich der Tendenz zur Rollenverlagerung, die als Grundeinfall viele neuere Rotkäppchenvariationen bestimmt.

Die Verlagerung kann sich, statt auf schlagfertige Entgegnungen beschränkt zu sein, auf die ganze Handlung erstrecken. Wie James Thurber mit lakonischem Witz schildert, ist das moderne Rotkäppchen kein duldendes, hilfloses Geschöpf, sondern macht ohne längere Verschlingungen kurzen Prozeß mit dem Übeltäter. Das alte Verhaltensschema wird blitzschnell umgestülpt. Am Schluß steht eine Moral, die jedoch nicht wie bei Perrault und Grimm eine schale Bürgerregel ist, sondern eine Parodie auf die gewohnte Moral darstellt — wie überhaupt die neueren Rotkäppchenvariationen dazu neigen, das in der didaktischen Tradition zu Tode gerittene Erziehungsmärchen zu entpädagogisieren.

Eines Nachmittags saß ein großer Wolf in einem finsteren Wald und wartete, daß ein kleines Mädchen mit einem Korb voller Lebensmittel für ihre Großmutter des Weges käme. Endlich kam auch ein kleines Mädchen des Weges, und sie trug einen Korb voller Lebensmittel. „Bringst du den Korb zu deiner Großmutter?" fragte der Wolf. Das kleine Mädchen sagte ja, und nun erkundigte sich der Wolf, wo die Großmutter wohne. Das kleine Mädchen gab ihm Auskunft, und er verschwand in den Wald.

Als das kleine Mädchen das Haus ihrer Großmutter betrat, sah sie, daß jemand im Bett lag, der ein Nachthemd und eine Nachthaube trug. Sie war noch keine drei Schritte auf das Bett zugegangen, da merkte sie, daß es nicht ihre Großmutter war, sondern der Wolf, denn selbst in einer Nachthaube sieht ein Wolf einer Großmutter nicht ähnlicher als der Metro-Goldwyn-Löwe dem Präsidenten der Vereinigten Staaten. Also nahm das kleine Mädchen einen Browning aus seinem Korb und schoß den Wolf tot.

Moral: Es ist heutzutage nicht mehr so leicht wie ehedem, kleinen Mädchen etwas vorzumachen.

Die spielerische Rollenveränderung kann auch die moralische Schuld verschieben, die nicht mehr dem Wolf, sondern anderen Personen angekreidet wird. In manchen Schülerversionen (Thomas Belker, Patrick Hawner) ist es Rotkäppchen, das schlimme Absichten hegt und dem Wolf übel mitspielt.

F. K. Waechter hat das in seiner Juxversion, einem Glanzstück der Rotkäppchenliteratur, ähnlich gewendet und außerdem jedes einzelne Element der Geschichte ins Gegenteil verdreht; alles ist genau umgekehrt, aber es wirkt nicht mechanisch umgedreht, sondern überraschend und hochkomisch:

Es war einmal ein Wolf, der hatte schwarze Füße, einen schwarzen Leib, einen schwarzen Schwanz und einen schwarzen Kopf. Nur hinter den Ohren war er ein wenig rot, und deshalb nannten ihn alle Rotkäppchen.

Eines Tages rief ihn seine Tochter: ,,He, Rotkäppchen, hier hab ich ein Stücklein Wein und eine Flasche voll Kuchen, geh und bring das dem Großpapa, der ist kerngesund und ärgert sich bestimmt darüber. Aber lauf schön durch den Wald und komm nicht auf den Weg, auf dem das kleine, dicke Mädchen spazierengeht, du wirst dir sonst den Magen an ihm verderben."

Da machte sich Rotkäppchen auf den Weg zum Großpapa.

Wie es aber so durch den Wald tappte, dachte es bei sich: „Was soll ich hier durch die Blumen stolpern, wenn es auch eine schöne Straße gibt?", und sprang auf die Straße.

Doch kaum hatte es das getan, da kam auch schon das kleine dicke Mädchen daher und sprach: „Grüß dich, Rotkäppchen, wohin des Wegs?" „Zum Opa, Kuchen und Wein bringen, weil er noch so gesund ist." „Ah", sagte das kleine, dicke Mädchen, das auch noch gern dem Opa den Magen verdorben hätte, „wo wohnt denn dein Opa?" „Noch eine schlechte Viertelstunde die Straße hinunter", sagte Rotkäppchen.

„Schau", rief da das kleine, dicke Mädchen, „die vielen schönen Steinchen auf der Straße, geh und sammle dem Großvater dein Schnupftüchlein voll, das ärgert ihn auch."

Das leuchtete Rotkäppchen ein, und es begann zu sammeln.

Hier bricht Waechters Geschichte ab, der Leser ist aufgefordert, sie fortzusetzen. Der gar nicht so böse Wolf erfährt noch in vielen anderen Variationen seine Rehabilitierung, und der einfältige Dualismus von Gut und Böse, Schwarz und Weiß wird auf vielfältige Weise der Lächerlichkeit zum Fraße vorgeworfen.

In Tomi Ungerers Fassung ist die Großmutter eine garstige Frau, zu der Rotkäppchen nicht gerne geht, und der Wolf, der dem Mädchen im Walde auflauert, tut das aus Liebe und ist überhaupt viel besser als sein Ruf:

„Diese Körbe scheinen wirklich schwer zu sein. Ha! Weißt du was? Ich werde sie dir tragen helfen. Ich bin stark und

tüchtig, und es ist, wenn du mich fragst, eine wahre
Schande, einem so süßen kleinen roten Mädchen derartige
Lasten aufzubürden. Ich weiß von deiner Großmutter und
kann dazu nur sagen, daß ihr Ruf noch schlechter ist denn
der meine."

„Was ist das, ein Ruf, edler Fürst?" forschte unsere
Heldin.

„Nenne mich Herzog", erwiderte der Wolf. „Ein
Ruf ist das, was die Leute von einem denken. Rufe gibt
es in allen Größen, manche sind gut, manche sind schlecht
oder sehr schlecht, wie zum Beispiel der meine. Wie dem
auch sei, hier ist mein Plan, und er kommt von einem,
der mehr Lebenserfahrung hat als du. Mit diesen meinen
starken Armen werde ich deine Körbe tragen, doch nicht
zum Bungalow deiner Oma, sondern zu meinem ganz pri-
vaten Schloß. Komm mit, ich lebe ganz allein und langwei-
le mich, komm mit mir, und ich werde alle meine Geheim-
nisse mit dir teilen. Meine Keller bersten von Schätzen.
Du wirst in Sammet schlafen und in Seide gehen. In meinen Schränken hängen die köstlichsten Brokatkleider,
an Stangen aus echtem Gold. Zur Winterzeit werden
dich Zobelpelze umhüllen. Meine Diener werden den
Boden küssen, darauf du wandelst. Ich werde dich glücklich machen, du wirst mich glücklich machen, ganz wie im
Märchen."

Ein ernstes Schweigen entstand, und Rotkäppchen
trat mißtrauisch drei Schritte zurück.

„Man hat mir erzählt, daß Wölfe gern kleine Kinder
verspeisen. Ich traue Euch nicht so ganz, Herr Herzog ...
Ihr werdet mich doch nicht fressen, nicht wahr? Mit
einem so großen Mund, wie Ihr ihn habt, könntet Ihr mich
leicht auf einen Ruck und Schluck verschlingen, mit

Knochen und Mantel und allem."

„Unsinn, mein Kind, nichts als Verleumdung. Wölfe fressen nur häßliche Kinder, und auch diese nur auf besonderen Wunsch", entgegnete die Bestie mit zuckersüßem Lächeln. „Nie im Leben würde ich so etwas tun, beim Barte meiner Frau Mutter, niemals!"

„Aber Eure Kiefer sind gewaltig groß und sehen zum Fürchten aus, und die riesigen Fangzähne dort, warum funkeln sie so? fragte das Mädchen unerschrocken.

„Weil ich sie jeden Morgen mit Tripelpulver bürste."

„Und Eure Zunge? Warum ist sie so rosig?"

„Weil ich mit Vorliebe Rosenknospen zu kauen pflege. Rosa und Rot sind meine Lieblingsfarben", sagte der Wolf.

„Und warum habt Ihr —"

„Hör auf, so dumm zu fragen", unterbrach der Wolf. „Wir müssen uns sputen, wenn wir meine fürstliche Wohnung noch vor Einbruch der Dunkelheit erreichen wollen. Außerdem sind Fragen schädlich für dein Glück. Komm", sagte der Wolf, indem er die Körbe hob. „Komm, ich habe eine ganze Bibliothek voll spannender Bücher in meinem Schloß und eine Wucht von einem Swimming-pool in meinem tropischen Treibhaus."

„Aber ich kann gar nicht schwimmen", sagte Rotkäppchen. „Und was wird aus meinen Eltern und meiner bösen Großmutter?"

„Lies das Ende dieser Geschichte, und du wirst es wissen", sagte der Wolf. „Wir schicken deinen Eltern eine Postkarte und werden sie zur Hochzeit einladen. Deine Großmutter ist alt genug, um für sich selber zu sorgen, und wenn du nicht schwimmen kannst, so lassen wir einfach das Wasser aus dem Swimming-pool ab."

Und schon zogen sie los und lebten fortan herrlich und in Freuden. Sie feierten Hochzeit und bekamen alle möglichen Kinder, die ebenfalls fortan herrlich und in Freuden lebten.

Und die Großmutter? Allein und ohne Lebensmittel, schrumpfte und schrumpfte sie immer mehr zusammen, bis sie nur noch ein paar Zentimeter groß war. Zum letztenmal wurde sie gesehen, als sie in Gesellschaft einer Wanderratte eine fremde Speisekammer durchstöberte. Und winzig und hungrig, war sie immer noch so böse wie eh und je.

In der Rotkäppchenfassung von Ringelnatz ist die Großmutter die aktive Heldin der ganzen Geschichte — eine Abwandlung, die auf frappierende Weise mit uralten Vorstellungen koinzidiert; wie Marie Pancritius zu zeigen versucht, könnte Rotkäppchens Großmutter als mythische Herrin der Todeswelt in einer matriarchalischen Kultur gedeutet werden. Bei Ringelnatz ist von finsterer Archaik freilich nicht viel zu spüren. Seine Umdrehung der Geschichte entspringt der Freude am moralischen Rollentausch und der sprachlichen Erzählkunst, die ein langes Seemannsgarn ausspinnt, um verschiedene Alltags- und Märchenelemente bunt zusammenzuknüpfen und den vertrauten Dingen eine verblüffende Wendung zu geben:

Also Kinners, wenn ihr mal fünf Minuten lang das Maul halten könnt, dann will ich euch die Geschichte vom Rotkäppchen erzählen, wenn ich mir das noch zusammenreimen kann. Der alte Kapitän Muckelmann hat mir das vorerzählt, als ich noch so klein und dumm war, wie ihr jetzt seid. Und Kapitän Muckelmann hat nie gelogen.

Also lissen tu mi. Da war mal ein kleines Mädchen. Das wurde Rotkäppchen angetitelt — genannt heißt das. Weil es Tag und Nacht eine rote Kappe auf dem Kopfe hatte. Das war ein schönes Mädchen, so rot wie Blut und so weiß wie Schnee und so schwarz wie Ebenholz. Mit so große runde Augen und hinten so ganz dicke Beine und vorn — na kurz, eine verflucht schöne, wunderbare, saubere Dirn.

Und eines Tages schickte die Mutter sie durch den Wald zur Großmutter; die war natürlich krank. Und die Mutter gab Rotkäppchen einen Korb mit drei Flaschen spanischen Wein und zwei Flaschen schottischen Whisky und einer Flasche Rostocker Korn und einer Flasche Schwedenpunsch und einer Buttel mit Köm und noch ein paar Flaschen Bier und Kuchen und solchen Kram mit, damit sich Großmutter mal erst stärken sollte.

„Rotkäppchen", sagte die Mutter noch extra, „geh nicht vom Wege ab, denn im Walde gibts wilde Wölfe!" (Das Ganze muß sich bei Nikolajew oder sonstwo in Sibirien abgespielt haben). Rotkäppchen versprach alles und ging los.

Und im Walde begegnete ihr der Wolf. Der fragte: „Rotkäppchen, wo gehst du denn hin?" Und da erzählte sie ihm alles, was ihr schon wißt. Und er fragte: „Wo wohnt denn deine Großmutter?"

Und sie sagte ihm das ganz genau: „Schwiegerstraße dreizehn zur ebenen Erde."

Und da zeigte der Wolf dem Kinde saftige Himbeeren und Erdbeeren und lockte sie so vom Wege ab in den tiefen Wald.

Und während sie fleißig Beeren pflückte, lief der Wolf mit vollen Segeln nach der Schwiegerstraße Nummero dreizehn und klopfte zur ebenen Erde bei der Großmutter an die Tür.

Die Großmutter war ein mißtrauisches, altes Weib mit vielen Zahnlücken.

Deshalb fragte sie barsch: „Wer klopft da an mein Häuschen?"

Und da antwortete der Wolf draußen mit verstellter Stimme: „Ich bin es, Dornröschen!"

Und da rief die Alte: „Herein!"

Und da fegte der Wolf ins Zimmer hinein. Und da zog sich die Alte ihre Nachtjacke an und setzte ihre Nachthaube auf und fraß den Wolf mit Haut und Haar auf.

Unterdessen hatte sich Rotkäppchen im Walde verirrt. Und wie so pißdumme Mädel sind, fing sie an, laut zu heulen.

Und das hörte der Jäger im tiefen Wald und eilte herbei. Na — und was geht uns das an, was die beiden dort im tiefen Walde miteinander vorgehabt haben, denn es war inzwischen ganz dunkel geworden, jedenfalls brachte er sie auf den richtigen Weg.

Also lief sie nun in die Schwiegerstraße. Und da sah sie, daß ihre Großmutter ganz dick aufgedunsen war.

Und Rotkäppchen fragte: „Großmutter, warum hast du denn so große Augen?" Und die Großmutter antwortete: „Damit ich dich besser sehen kann!"

Und da fragte Rotkäppchen weiter: „Großmutter, warum hast du denn so große Ohren?"

Und die Großmutter antwortete: „Damit ich dich besser hören kann!"

Und da fragte Rotkäppchen weiter: „Großmutter, warum hast du denn so einen großen Mund?"

Nun ist das ja auch nicht recht, wenn Kinder so was

zu einer erwachsenen Großmutter sagen.

Also da wurde die Alte fuchsteufelswild und brachte kein Wort mehr heraus, sondern fraß das arme Rotkäppchen mit Haut und Haar auf. Und dann schnarchte sie wie ein Walfisch. Und draußen ging gerade der Jäger vorbei.

Und der wunderte sich, wieso ein Walfisch in die Schwiegerstraße käme. Und da lud er seine Flinte und zog sein langes Messer aus der Scheide und trat, ohne anzuklopfen, in die Stube.

Und da sah er zu seinem Schrecken statt einen Walfisch die aufgedunsene Großmutter im Bett.

Und — diavolo caracho! — da schlag einer lang an Deck hin! — Es ist kaum zu glauben! — Hat doch das alte gefräßige Weib auch noch den Jäger aufgefressen. —

Ja, da glotzt ihr Gören und sperrt das Maul auf, als käme da noch was. — Aber schert euch jetzt mal aus dem Wind, sonst mach ich euch Beine.

Mir ist schon sowieso die Kehle ganz trocken von den dummen Geschichten, die doch alle nur erlogen und erstunken sind.

Marsch fort! Laßt euren Vater jetzt eins trinken, ihr — überflüssige Fischbrut!

Neben den spielerischen Versuchen, die Rollenverteilung im Märchen zu verlagern, gibt es Versionen, die das Märchen bestehen lassen und ihm einen Nachspann oder Vorspann beifügen. Iring Fetscher hat dem kleinen Mädchen einen Bruder namens Rotschöpfchen beigesellt, der im Wald einen freundlichen, hilfsbereiten Wolf trifft und mit ihm nach Hause kommt, wo sie vom Vater mit Schlägen empfangen werden, worauf der Wolf beschließt, sich an dem Schwesterlein zu rächen; ab hier beginnt das bekannte Märchen.

An dessen Ende setzt eine Version ein, mit der Frida Schanz zum Ausklang der wilhelminischen Epoche das Publikum beglückte. Der Passus ist Bestandteil eines Büchleins mit dem Titel ‚Wie unsere Märchen weitergehen‘ und birst vor unfreiwilliger Komik. Rotkäppchen verwirklicht im Kreise ihrer Familie die traditionelle Frauenrolle und wird dem Leser als vollkommenes Kleinbürgerideal präsentiert:

Ach ja, Rotkäppchen! Denkt nur, die hätte ich beinahe vergessen!

Nun gibt es ein Fragen: Was ist denn aus der geworden? Wie ist es denn der ergangen?

Rotkäppchen war sehr glücklich geworden. Sie war Frau Oberförsterin und hatte zwei entzückende Kinder, einen braunen Buben und ein hellockiges, kleines Töchterchen: Marie.

Am anderen Tag kam die ganze Gesellschaft auch nach Feenhausen. Wir aßen alle zusammen Mittag im dämmerigen Ratskeller.

Nein, was hatte Rotkäppchen für einen freundlichen, lieben Mann! Sein Gesicht war mir bekannt, aber ganz genau wußte ich doch nicht, wo ich ihn gesehen hatte.

Richtig! Richtig! Im Waldhäuschen bei der alten kranken Großmutter! Derselbe war's, der dem bösen Wolf den Bauch aufgeschlitzt und das süße Rotkäppchenkind und die arme, gute Frau gerettet hatte.

Wie waren die beiden froh gewesen, als sie aus dem dumpfen, dunklen Wolfsbauche herauskamen! Der liebe Jäger mußte gleich zu Tisch bleiben und die guten Sachen mit aufessen, die Rotkäppchen in ihrem Korbe mit her-

ausgebracht. Dann nahm er das schöne Kind an der Hand und führte es durch den Wald wieder zu seinen Eltern. Er blieb den Abend über dort und ist seitdem jeden Sonntag zu Mittag geladen worden. Rotkäppchen war sein Herzblatt und er ihr Liebling. Als sie größer war, ist sie natürlich seine Frau geworden.

Sie hausen glückselig in dem reizenden, braunen Forsthaus am Wald, wo so stärkende Luft und so gesundes Leben ist, daß sie auch noch Sommerwohnungen an vornehme Märchenleute vermieten. Im vergangenen Jahr haben Einäuglein und Dreiäuglein mit ihren Männern einen ganzen Monat dort logiert.

Sogar im harten, eiskalten Winter ist's hübsch in der Oberförsterei. Noch bei zwanzig Grad Kälte kann man Rotkäppchen mit ihren Kleinen im glitzernden Wald spazieren gehen sehen. Sie frieren nicht, denn der böse Wolf, der dickfellige Patron, ist nach seinem Tode noch ihr Wohltäter geworden.

Der Jäger fischte ihn nämlich wieder aus dem Teich, wohinein er ihn geworfen, und zog ihm die Haut ab. Solch ein weiches, warmes Wolfsfell hatte es noch nie gegeben. Es wurde mit jedem Jahr schöner, und der gute Mann konnte seinem Weibchen die prachtvollste Pelzjacke davon machen lassen. Aus den Resten bekam später Marie, Rotkäppchens Kind, noch ein Müffchen und der kleine Willy eine Mütze. In dieser Kleidung spüren sie überhaupt nicht, wenn es Winter wird.

Wie man es besser machen kann, zeigt außer der Geschichte Bernhard Schindlers, die im Anhang abgedruckt ist, die Rotkäppchenvariation von Stefan Heym. Er beginnt ebenfalls am Ende des Grimmschen Märchens und beschreibt das klei-

ne Mädchen als Opfer seiner eigenen Geschichte. In einer
Gesellschaft, die auf Publicity süchtig ist, besteht ein Bestä-
tigungszwang, der die prominent gewordenen Leute dazu
bringt, das Karussell des Geredes in Schwung zu halten.
Darüber verkümmern die menschlichen Qualitäten und auch
die Leistungen, denn das Unwahrscheinliche läßt sich nicht
einfach wiederholen. Erfolg wird über Glück gestellt, darun-
ter leidet auch der Erfolg. Erst der Verzicht auf Ruhm holt
das Gute, das doch so nahe lag, zurück und beschenkt den
von hohem Roß Gestürzten mit alter Liebe und neuer Spiel-
freude.

Rotkäppchen wurde sehr bald zum bekanntesten Rotkäppchen im Lande, und von überallher kamen die Leute
angereist und wollten es sehen, sogar aus der Hauptstadt, und sie wollten hören, wie das Rotkäppchen die
Geschichte erzählte, und viele stellten Fragen, die das Rotkäppchen alle geduldig beantwortete; zum Beispiel wollten sie wissen, wie es denn gewesen wäre in dem Bauch
vom Wolf.
    „Eng und dunkel", sagte das Rotkäppchen, „und
auch ein bißchen glitschig." — Ja, wollten die Leute wissen, ob es denn gar keine Angst gehabt habe?
    „Das schon", sagte das Rotkäppchen, „aber die
Großmutter war ja bei mir."
    Aber wenn es dunkel war in dem Bauch von dem
Wolf, wollten die Leute wissen, wie konnte das Rotkäppchen da sehen, daß es seine Großmutter war, die mit ihm
in dem Bauch steckte?
    „Meine Großmutter", antwortete da das Rot-
käppchen, „erkenne ich sogar im Dunklen."
    Aber wenn das Rotkäppchen seine Großmutter so-

gar im Dunkeln erkennen konnte, wollten die Leute wissen, wieso habe es da den Wolf im Bett mit der Großmutter verwechselt?

Da lachte das Rotkäppchen hell heraus und sagte, es habe ja auch gleich gemerkt, daß etwas nicht stimmte; hätte es sonst vielleicht nachgefragt wegen der großen Ohren und der großen Augen und der großen Hände und wegen des entsetzlich großen Mauls? — Die Leute staunten: Das war mal eine gescheite Antwort! Und das Rotkäppchen wurde so berühmt, daß sogar ein richtiger Dichter kam aus der Hauptstadt und über es schreiben wollte, und die Leute sagten, wenn es so weiterginge mit Rotkäppchen, werde es hoch hinaus gehen mit ihm, und der Felix von nebenan, mit dem das Rotkäppchen bis dahin immer gespielt hatte, wurde ganz traurig, denn das Rotkäppchen schenkte ihm überhaupt keine Beachtung mehr und sah ihn auch nicht an.

Aber wie das so ist im Leben, auch die größte Berühmtheit verblaßt allmählich, sogar wenn einer eine Viertelstunde im Bauch vom Wolf gesteckt hat, oder war es eine halbe, und wenn das Rotkäppchen die Geschichte wieder erzählten wollte, sagten die Leute, das kennen wir nun schon und dankeschön.

Da wurde das Rotkäppchen ganz traurig und maulte im Hause herum, bis die Mutter es satt hatte und zu ihm sagte: „Weißt du, Rotkäppchen, du könntest auch mal was tun, statt hier im Haus zu sitzen und zu warten, bis jemand kommt, dem du deine Geschichte erzählen kannst und der dich bestaunt. Ich habe einen Kuchen gebacken und eine Flasche Wein gekauft, die tue ich in ein Körbchen, und du kannst sie zur Großmutter im Walde tragen, denn es geht ihr wieder mal nicht gut.''

Erst wollte das Rotkäppchen nein sagen, denn es dachte, es sei zu berühmt, um Kuchen und Wein zur Großmutter oder zu irgendeinem zu tragen, aber dann besann es sich, daß es ja noch mehr Wölfe gab im Wald als den, dem der Jäger den Bauch aufgeschnitten hatte, und es sagte zu seiner Mutter: „Ei ja, gib mir nur den Korb, und ich will schon sehen, daß die Großmutter alles richtig bekommt." Und damit setzte es sich sein Käppchen aus rotem Sammet auf, das die Großmutter ihm geschenkt hatte und mit dem es so hübsch aussah, und trabte los.

Dann schlägt Rotkäppchen der Großmutter und dem Sohn des alten Wolfes vor, das ganze Spielchen noch einmal von vorn zu beginnen, denn „zweimal hintereinander im Bauch von einem Wolf, das hat es überhaupt noch nicht gegeben", aber beide lehnen dankend ab, und es muß ungefressen nach Hause zurückkehren, wo eine Überraschung auf es wartet:

Als es ins Dorf kam, trat der Felix von nebenan gerade auf die Straße und staunte, weil das Rotkäppchen ihn plötzlich wieder ansah und ihm Beachtung schenkte, und er faßte sich ein Herz und fragte, ob das Rotkäppchen vielleicht auch wieder mit ihm spielen wollte.

„Ach du", sagte das Rotkäppchen, „du spielst auch immer dasselbe, Haschmich und Kreuzhüpf und Bäumchenverwechseln."

Nein, sagte der Felix von nebenan, er hätte wohl ein neues Spiel, das sehr lustig wäre. — „Und wie heißt dein neues Spiel?" wollte das Rotkäppchen wissen. — „Mein neues Spiel heißt Rotkäppchen und der Wolf", sagte der Felix von nebenan.

Da war das Rotkäppchen wieder vergnügt, denn es

dachte, wenn ein neues Spiel nach einem benannt wird, das ist der Höhepunkt der Berühmtheit, und es wollte wissen, wie man das Spiel spielt. „Ganz einfach", sagte der Felix von nebenan, „du bist das Rotkäppchen, und ich bin der Wolf, und ich freß dich."

„Aber", sagte das Rotkäppchen, „dann müssen wir dir dann auch den Bauch aufschneiden, damit ich wieder herauskann."

„Nein", sagte der Felix von nebenan, „denn ich freß dich ja aus Liebe. Und wenn einer aus Liebe gefressen wird, der bleibt drin."

Zu den beliebtesten Rotkäppchenvariationen zählen die sprachspielerischen, sprachkritischen und dialektalen Versionen. Da findet man Fassungen auf Oberfränkisch, auf Mecklenburgisch, auf Bayrisch, auf Chemisch, auf Mathematisch, auf Theologisch undsofort.

Janosch hat seine spielerische Umformung damit bestritten, daß er ein einziges Wörtchen an jeder möglichen und unmöglichen Stelle wiederholt. Das ist am Anfang sehr spaßig, aber der Witz wirkt am Ende ähnlich mechanisch wie die verballhornte Mechanisierung.

Es war einmal eine süße elektrische Dirn, die hatte jedermann elektrisch lieb, am liebsten aber ihre elektrische Großmama; sie wußte gar nicht, was sie alles dem Kind geben sollte. Einmal schenkte sie ihm ein elektrisches Käppchen von rotem Samt. Und weil es ihm gar so gut stand, daß es gar nichts anderes mehr tragen wollte, hieß es das „elektrische Rotkäppchen".

Da sagte einmal seine elektrische Mutter zu ihm: „Komm doch mal her, elektrisches Rotkäppchen! Hier

hast du ein Stück elektrischen Kuchen und eine elektrische Flasche mit elektrischem Wein, die bring der elektrischen Großmutter hinaus. Sie ist krank und schwach
und soll sich damit ein bißchen elektrisieren. Aber gib
schön acht, daß du nicht vom Weg abkommst, sonst ver-
biegst du dir einen Draht! Nun geh schon!"

Sie schaltete ihr Kind an, gab ihm einen Schubs, und
das elektrische Rotkäppchen machte sich auf den elektrischen Weg.

Einfallsreicher ist die im Anhang abgedruckte Version
Thaddäus Trolls, die das Märchen vom Deutschen ins Amts-
deutsche übersetzt und eine umwerfende praktische Sprach-
kritik übt. In Bremen mußten Beamte und Beamtenan-
wärter diesen Text als abschreckendes Beispiel studieren;
ob mit Erfolg, ist zweifelhaft. In der Version, die unter
den verschiedensten Titeln vielfach gedruckt und mehr-
fach nachgeahmt wurde, geht es weniger um eine Variation des Märchens — abgesehen von der Wendung, daß
Oma und Enkelin im Kittchen landen —, als um eine Ver-
spottung bürokratischer Verhaltensweisen und Sprachrege-
lungen. Das Kindermärchen, dessen einfacher Erzählstil
jedem geläufig ist, wird dem unbeholfenen und nahezu un-
verständlichen Beamtenjargon unmittelbar entgegengesetzt.
Nicht nur Form und Inhalt werden kontrastiert, sondern
auch Form und Form. Das Märchen dient als Mittel, um
einen gänzlich anderen Bereich zu kritisieren, und die spötti-
sche Absicht erreicht ihren Zweck mit drastischer Komik.
In ähnlicher Weise karikiert Troll die Sprache der Werbung,
wobei die Wirkung ein wenig geschmälert wird, weil allzu
viele Sprachmonstren auf engstem Raum zusammengedrängt
sind und sich gegenseitig auffressen. Während die Rot-

käppchenversionen auf Chemisch, Mathematisch und in anderen Fachsprachen Ulkcharakter haben und den jeweiligen Jargon zum Lachgenuß von Insidern reproduzieren, erreichen die Parodien auf die Amtssprache und die Reklame satirische Schärfe. Wenn dieser Sprachstil nicht so furchtbar lustig wäre, wäre er nur furchtbar. Parodie und Travestie sind Formen der indirekten Kritik, aber in solchen Versionen, die genau den falschen Ton treffen, dringen sie direkt ins Wesen der Sache. Da ist nicht viel von Übertreibung und Verzerrung spürbar, und es erhebt sich der Verdacht, daß die alte Rede vom übertreibenden und verzerrenden Charakter der Satire einer obrigkeitsfreundlichen Sprachregelung entstammt. Die Sprache der Werbung und der Bürokratie ist bereits ihre eigene Parodie, und die Sprachsatire rückt das nur schärfer ins Bewußtsein.

Eine Brücke zwischen den sprachkritischen und den politischen Variationen schlägt Iring Fetschers Satire ‚Streit um Rotkäppchen‘. Auf einem Kongreß mit Wissenschaftlern aus Amerika, Rußland, China und Ostdeutschland, von denen jeder eine andere Richtung der Märcheninterpretation verteidigt, trägt der chinesische Chefdelegierte, Professor Ping Peng Pong, eine Rotkäppchenanalyse vor, die als Ergebnis einer Sondersitzung der chinesischen Akademie für Märchendeutung präsentiert wird. Formelhafte Wendungen, die in vielen Proklamationen offiziöser Institutionen herumwimmeln, werden in aneinandergereihter Form auf ein Märchen gestülpt und enthüllen ihren Phrasencharakter. Es zeigt sich, daß die materialistische Erklärungsmethode, die ihren guten Sinn erweisen kann, indem sie sich in die Sache hineindenkt, zum Ruckzucksymbolismus verkommt, wenn sie dem Märchen lediglich abstrakte Bedeutungen zuordnet. Wir zitieren die schönsten Passagen aus der Rede Ping Peng Pongs:

Seit unserem letzten Kongreß ist es der chinesischen Volks- und Märchenforschung gelungen, weitere Beweise für den revolutionär-progressiven Charakter auch der nicht-chinesischen Volksbewegungen vergangener Jahrhunderte zu entdecken. Immer schwieriger wird es für die Lakaien des blutrünstigen Monopolkapitalismus, die jahrhundertelange Verleumdung des Volkes aufrechtzuerhalten und die Überlieferung seines heldenhaften Kampfes zu verfälschen. In unserem Kampf an der Front der weltweiten Kulturrevolution hat sich die Märchen-Deutung als ein wichtiger Teilabschnitt herausgestellt, an dem entscheidende Einbrüche in die feindlichen Stellungen gelungen sind. ...

Das Märchen vom Rotkäppchen übt seit rund anderthalb Jahrhunderten seine Faszination namentlich auf die Kinder des Volkes aus, die noch nicht durch den moralischen Verfall der kapitalistischen Geldgier beeinflußt worden sind. Ohne sich dessen exakt bewußt zu sein, spüren diese Heranwachsenden: ja, so sollte es sein, so muß der Kampf des Volkes sich eines Tages entscheiden, ja, so hätte er schon längst entschieden werden sollen. Was diese Kinder des Volkes unbewußt anzieht, muß aber bewußt gemacht werden, damit sie als Erwachsene wirklich jenen Kampf aufnehmen und siegreich beenden können, von dem das Märchen ihnen in allegorischer Sprache spricht. ...

Das Rotkäppchen ist eine junge Kämpferin für die Befreiung des Volkes, die sich mit der roten Farbe der Revolution geschmückt hat. Sie ist noch unerfahren und schwach, hat noch nicht die Notwendigkeit der Volksbewaffnung erkannt und glaubt — idealistisch — an die Möglichkeit, die Feinde des Volkes (den Wolf) durch Freundlichkeiten wie gute Worte und Argumente besiegen oder gewinnen zu können. Der Wolf symbolisiert auf höchst eindrucksvolle Weise die Feinde des Volkes, die ihm hinterlistig auflauern und nach dem Leben trachten. Bei einer so arglosen jungen Kämpferin wie Rotkäppchen gelingen ihm natürlich schon die plumpesten Täuschungsmanöver: freundlich-verstellte Sprache, scheinbares Interesse für das Wohlergehen des Volkes (hundert Blumen für die Großmutter), Benutzung der Ästhetik zum Zwecke der Ablenkung von politisch-ökonomischen Zielen der Feinde des Volkes. ...

Die Großmutter kann den Enkelkindern von den vergangenen Kämpfen des Volkes, von Verrat und Treulosigkeit der Fürsten und Feinde des Volkes erzählen, und diese Erzählungen haben eine wichtige agitatorisch-aufklärende Funktion. Aus diesem Grunde mußte der Wolf mit allen ihm erreichbaren Mitteln eine vorbeugende Aufklärung der jungen roten Kämpferin durch die geschichtserfahrene Großmutter verhindern. Was dem Kinde ja vor allem noch fehlt, um ein wirklich erfolgreicher Kämpfer für die Volksbefreiung zu werden, ist allein die Erfahrung. Bei seiner nächsten Begegnung mit dem Wolf nach Belehrung durch die erfahrene Großmutter hätte es zweifellos den Feind des Volkes sofort erkannt und entlarvt. Es wäre dann nicht sein Opfer geworden, sondern hätte sich mit anderen jungen Kämpfern vereint, um ihn in einem langdauernden Krieg schließlich zu besiegen ...

Nennen wir den Wolf ein Symbol für den geldgierigen, blutrünstigen Imperialismus, dann sind die Steine die von den Völkern gelieferten Produkte, an denen sich der Imperialismus in seinem Heißhunger zu Tode frißt. Ein Freudentanz der befreiten Völker wird seinem Ende mit Gewißheit folgen. Das Märchen dient der Steigerung des Kampfgeistes der Volksbefreiungsbewegung, indem es diesen Sieg antizipiert.

Die Tradition der politischen Rotkäppchenvariationen ist erstaunlich alt. Vor siebzig Jahren veröffentlichte Rudolf Franz in München ein tränentreibendes Buch, eine Sammlung von Märchentravestien mit dem Titel: ‚Die schönsten Märchen für die nationale Kinderwelt, bearbeitet im Sinne des Reichsverbandes gegen die Sozialdemokratie‘. In Wirklichkeit sind es Satiren zur Verteidigung der Sozialdemokratie, die am Beispiel Rotkäppchens und anderer Geschichten genüßlich ausmalen, welche Greuelmärchen die politischen Gegner verbreiten:

Es war einmal eine kleine Dirne, die von ihren sozialdemokratischen Eltern so hetzerisch erzogen wurde, daß sie ihre Gesinnung sogar im Namen und in der Kleidung zur Schau tragen mußte, denn sie mußte ein Käppchen von rotem Samt aufsetzen (die Herren Arbeiter kleiden ja sich und ihre Brut überhaupt heimlich immer in Samt und Seide) und wurde Rotkäppchen genannt. Eines Tages sprach die Mutter dieses früh verdorbenen Kindes zu ihm: „Komm’, Rotkäppchen, da hast du ein Stück Kuchen und eine Flasche Wein, bring das der Großmutter hinaus.“ Hier sehen wir so recht, was für dreiste Lügen die Sozialdemokratie in die Welt setzt, wenn sie von der Verelendung der Massen redet. Mit Kuchen und Wein wird in Wirklichkeit nur so um sich geworfen!

Dann wird erzählt, wie Rotkäppchen im Wald auf einen Polizeiwolf trifft, der den Kuchen auffrißt und dem Mädchen bis zur Großmutter folgt, wo schon der Förster wartet.

Welcher Art die unlauteren Absichten des Försters waren, ist nicht mit Sicherheit festzustellen gewesen, aber man darf das Schlimmste annehmen, da dieser Mensch im sozialdemokratischen Försterverband, den es damals noch gab, eine große Rolle spielte. Zweifellos sah er durch den braven Polizeiwolf sein verbrecherisches Treiben entdeckt und ermordete das edle Tier auf wahrhaft bestialische Weise, indem er ihm den Leib aufschnitt. Das sind dieselben Sozialdemokraten, die sich über die „Roheit" der Hofjagden zu entrüsten pflegen!

Der Förster wird, wie die Satire weiter berichtet, wegen bewaffneten Aufruhrs, Landfriedensbruchs und Ermordung eines Beamten angeklagt und redet sich darauf heraus, daß der Wolf die Großmutter und Rotkäppchen verschlungen habe und deshalb von ihm getötet worden sei — eine mit Ordnungsstrafen geahndete Lüge, die bei den Geschworenen schallendes Gelächter auslöst und einen von ihnen wegen Kinnbackenlähmung außer Gefecht setzt. Auch die Gutachter helfen dem Förster nicht.

Zum Überfluß wurden noch als Sachverständige vier Universitätsprofessoren, Chirurgen von Weltruf, über die Frage vernommen, ob es für einen Wolf möglich sei, zwei Menschen so zu verschlingen, daß man sie ihm lebendig wieder aus dem Bauche schneiden könne. Die Herren verneinten einstimmig diese Möglichkeit und wiesen in einem längeren Gutachten nach, daß auch ähnliche Fälle nirgends glaubhaft berichtet würden, bis auf den des Prof. Jonas von der Universität Askalon, der ja, wie die gesetzlich geschützte Heilige Schrift unwiderleglich zeige, von einem Walfisch verschluckt und lebend wieder herausgegeben worden sei. Aber man müsse beachten, a) daß ein Walfisch kein Wolf, b) daß er bedeutend größer als ein solcher sei, c) daß er keine Zähne habe, d) daß Prof. Jonas vermutlich von kleiner Statur war und e) daß die allgemeinen Verhältnisse sich inzwischen überhaupt geändert hätten.

Der gerissene rote Förster versuchte noch einen letzten Kniff, indem er die Ladung zweier Hofprediger und einiger Theologieprofessoren beantragte, die bezeugen sollten, daß sich auch heute noch Wunder ereignen könnten, wie geschrieben stehe. Der Staatsanwalt widersprach der Ladung dieser Zeugen, indem er die Behauptung des Angeklagten als wahr unterstellte, wodurch aber nichts für seine Unschuld bewiesen werde. Das Gericht beschloß gleichwohl die Ladung, um auch in diesem Falle sogar jeden Schein von sogenannter „Klassenjustiz" zu vermeiden. Das Gutachten der theologischen Sachverständigen war für den Angeklagten vernichtend. Sie wiesen in mehrstündigen Ausführungen nach, daß sich ein Wunder niemals in der Art zutragen könne, daß ein ausübendes Organ der Staatsgewalt ihm zum Opfer falle und ein Feind von Thron und Altar triumphiere.

Die Märchensatire endet martialisch: der Förster wird zum Tode verurteilt, die Großmutter ins Zuchthaus gesteckt, Rotkäppchen der Fürsorgeerziehung überstellt, der Wolf mit einem Denkmal geehrt, und die Behörden führen für den verstärkten Kampf gegen die sozialdemokratischen Umtriebe zweitausend bengalische Polizeitiger ein.

Eine weithin bekannte Politvariante ist die im Anhang

abgedruckte Geschichte, die von Rotkäppchens Schicksal im Nationalsozialismus berichtet. Zum geflügelten Wort wurde daraus die Frage: ,,Wie kann eine arische Großmutter so rassefremd schnarchen?" – die Absurdität der Frage deutete die Absurdität der ganzen Rassentheorie an. Das Manuskript der Variation wurde handschriftlich und ohne Autorenangabe in Umlauf gebracht, bis es in die Hände von Ulrich Link fiel, der zusammen mit Wugg Retzer und Eugen Roth eine Faschingsnummer der ,Münchner Neuesten Nachrichten' zusammenstellte. Obwohl die Redakteure einige Pointen strichen oder verharmlosten, reagierten Parteileitung, Propagandaministerium und Gestapo mit geharnischten Maßnahmen, als sie die entschärfte Version in der Zeitung zu Gesicht bekamen. Wie Fritz Redlich in einem Aufsatz und Ulrich Link in einem Brief an mich mitteilten, wurde der weitere Druck der Faschingsausgabe verboten, eine Liste aller Artikelverfasser mußte dem Propagandaministerium übergeben werden, und Ulrich Link wurde zur Gestapo zitiert. Bei der ersten Vernehmung behauptete er, der Autor zu sein, weil er den Text in seinem Elternhaus kennengelernt hatte und seine engsten Verwandten schützen wollte. Im Laufe der zweiten Vernehmung ließ sich diese Version über die Rotkäppchenversion nicht mehr aufrechterhalten, da sich herausstellte, daß die Gestapo die Variation schon vor dem Druck gekannt hatte. Link schlug nun vor, selbst die Stationen herauszufinden, über die der Text zu ihm gelangt war. Die Gestapo war damit einverstanden, und Link berichtete ohne Nennung von Namen, daß die Variante aus Hannover oder Umgebung über Marburg und Essen nach München gekommen war. Ein Exemplar der Faschingszeitung wurde in den Akten der NSDAP aufbewahrt und befindet sich heute im Staatsarchiv München. Die ursprüngliche Rotkäppchenfassung ist meines Wissens bis heute ungedruckt, obwohl eine ganze Reihe von Leuten die Verfasserschaft für sich reklamierte.

In der Münchner Version von 1937, die nach 1945 in zahlreichen Nachdrucken verbreitet wurde, antwortet die Großmutter auf die Frage des Mädchens, warum sie so große Ohren habe: „Damit ich das Geflüster der Meckerer besser hören kann!" Martin Broszat gibt dazu die zeithistorische Information, daß die Nazis 1934 eine Kampagne gegen Meckerer und Miesmacher eröffneten, um einen erheblichen Teil ihrer Gegner hinter Schloß und Riegel zu bringen. Diese wertvolle Auskunft hilft erklären, warum der negative Ausdruck ‚Meckerer' so hartnäckig in der Umgangssprache haften blieb und noch heute in Familie, Schule, Betrieb und allen Arten von Gruppen dazu dient, Kritiker ohne Diskussion abzuschmettern — eine durch den Faschismus verstärkte Sprachregelung, wie übrigens auch das Stereotyp von der ‚zersetzenden Kritik'. Die Nazis verstanden, wenn es um Satire ging, keinen Spaß, denn sie verstanden ihn nur zu gut: sie spürten in jeder witzigen Aufmüpfigkeit den Ansatz zum Widerstand. Wie Broszat in Erinnerung ruft, wurden 1934 in der bayrischen Provinz sogar die Maskenzüge verboten, weil dabei — so die offizielle Begründung — Amtspersonen und Behörden verächtlich gemacht werden könnten; im späteren Verlauf des Zweiten Weltkrieges wurden dann Todesurteile wegen regimekritischer Witze verhängt. Der Spielraum für Humor war genau eingegrenzt: scharf und vernichtend, sobald er den politischen Feinden galt, harmlos und gute Laune verbreitend, wenn es sich um die eigenen Verhältnisse handelte. In einer solchen Atmosphäre grenzte eine Rotkäppchenvariation, die davon sprach, daß die Parteigegner im Konzentrationslager saßen, fast schon an Opposition.

In der Sprache der Gegenwart ist die Anspielung auf Rotkäppchen nach wie vor ein beliebtes Mittel der politischen Rhetorik. Leonid Breschnew sagte laut ‚Spiegel' (48/1976, S. 116) bei einem Besuch in Belgrad, die Feinde seien Märchenerzähler, „wenn sie Jugoslawien als ein armes, hilfloses Rotkäppchen darstellen, das vom blutrünstigen Wolf, der Sowjetunion, zerrissen und verschlungen werden soll". Henri Nannen schrieb im ‚Stern' (23/1980, S. 3), daß „dem Wähler die Naivität Rotkäppchens erspart bleibe", wenn sich der Wolf namens Strauß weiterhin so verhalte, wie man ihn kenne. Franz Josef Strauß nannte Willy Brandt im ‚Bayernkurier' (6. 10. 1973) ein „Rotkäppchen im deutschen Bildungswald", und die baden-württembergische CDU lancierte im Frühjahr 1972 eine Wahlanzeige, die auszugsweise bei Hans-Wolf Jäger abgedruckt ist und deren Text der CDU-Landesverband Baden-Württemberg im Mai 1981 bestätigte. In der Annonce hieß es:

Rotkäppchen glaubte, die gute Großmutter liegt im Bett. In Wirklichkeit war es der Wolf. Er sprang heraus und fraß Rotkäppchen auf.

Manche Bürger sind gutgläubig wie Rotkäppchen. Sie glauben, sie wählen die alte SPD. In Wirklichkeit aber wählen sie die Jusos.

Die SPD-Parteitage beweisen: Die Jusos sind die SPD von morgen! Leider ist die SPD heute eine von links unterwanderte Partei.

Man muß die Wähler wirklich für Kinder halten, wenn man glaubt, ihnen mit solchen Schreckensmärchen Angst einjagen zu können.

Als im Jahre 1979 Ulrich Bornebusch, ein junger

Bauer aus der Nähe der fränkischen Stadt Aurach, einen Wolf mit den Zügen von Strauß und davor ein kleines Mädchen an seine Scheune malen ließ (Text: „Warum hast du so ein großes Maul?"), entspann sich eine Justizkomödie, die zu den dramatischsten Bearbeitungen des jahrhundertealten Märchenstoffs gehört und zum Abschluß unserer Rotkäppchenhistorie erzählt werden soll. Morddrohungen gingen bei Bornebusch telefonisch ein, die politische Polizei erschien, um ultimativ eine Entfernung des Wandgemäldes zu verlangen, Bornebusch weigerte sich, die Polizei erstattete Anzeige wegen Beleidigung, und das Landratsamt Ansbach schickte am 16. 11. 1979 eine Beseitigungsanordnung, die als Erfindung abgetan werden könnte, wäre sie nicht in den prallen Aktenordnern nachzulesen, in denen Ulrich Bornebusch zur Freude der Besucher alle Falldokumente gesammelt hat. In dem amtlichen Beitrag zur Förderung der deutschen Satire finden sich diese zentralen Passagen:

Die Gesamtdarstellung — Dr. h.c. Franz Josef Strauß anstelle des Wolfes mit der angeführten schriftlichen Frage — an einer für jedermann sichtbaren Stelle stellt eine Beleidigung des derzeitigen Bayerischen Staatsoberhauptes gem. § 185 StGB dar und ist damit nicht durch das Recht auf freie Meinungsäußerung gem. Art. 5 GG — Grundgesetz — gedeckt. Die Darstellung als ‚Bösewicht Wolf', die Bezeichnung ‚großes Maul' sowie die durch die Darstellung zum Ausdruck gebrachte Meinung, der Bayerische Ministerpräsident Dr. h.c. Strauß täusche die Bevölkerung über seine wirklichen, nämlich bösen Absichten, verletzt die Ehre des Bayerischen Ministerpräsidenten und beeinträchtigt die Würde und das Ansehen des Staatsoberhauptes.

Zur Unterbindung dieser Beleidigung mußte daher diese Anordnung getroffen werden. Sie dient auch dem Zweck, die öffentliche Sicherheit aufrechtzuerhalten (Art. 6 LStVG). Zum Bereich der öffentlichen Sicherheit gehört nämlich auch der Schutz der Ehre einzelner Personen, da dies grundsätzlich im öffentlichen Interesse liegt.
... Die Darstellung beleidigt nicht nur den Bayerischen Ministerpräsidenten Dr. h.c. Strauß, sondern ist auch geeignet, auf das Ansehen des Staates schädlich einzuwirken. Dies zu verhindern, ist von öffentlichem Interesse und kann bis zum Eintritt der Bestandskraft der Anordnung nicht hingenommen werden.

An diesem Dokument fallen nicht nur grammatische Schnitzer (,verletzt') und hochoffizielle Manierismen auf (,bayrisch' immer großgeschrieben, Strauß stets als Ehrendoktor). Ins Auge sticht eine rhetorische Taktik, die Unterstellungen als Tatsachen drapiert. Zunächst spricht sie von einer scheinbar objektiven Beleidigung, ohne zu beweisen, daß sich überhaupt jemand beleidigt fühlt. Im gleichen Atemzug wird eine weitere pseudoobjektive Größe eingeführt, das bayrische Staatsoberhaupt, eine Bezeichnung, die man in der bayrischen Verfassung vergebens sucht und die offenbar der bürokratischen Illusion, daß Regierung und Staat eins seien, ihre Existenz verdankt. Danach — wir sind immer noch im selben Satz — wird mit dem unscheinbaren Wörtchen ,damit' der Anschein einer Begründung erzeugt; die Frage, ob das Verfassungsrecht auf freie Meinungsäußerung nicht auch polemische Angriffe erlaubt, wird diskussionslos vorentschieden.

Die Unterstellungstaktik bestimmt auch die übrigen Sätze. Gleich drei Dinge, die Ehre, die Würde und das Anse-

hen, seien angekratzt, und die öffentliche Sicherheit schließe auch den Schutz der persönlichen Ehre ein, weil eben dieser Schutz im Interesse der öffentlichen Sicherheit liege. Das ist ein Musterbeispiel behördlicher Argumentation, die verschiedene Konjunktionen und Adverbien (‚da‘, ‚nämlich‘) aufbietet, um den Eindruck zwingender Folgerichtigkeit zu erwecken, aber nicht verdecken kann, daß hier, wie die Logiker sagen, eine Erschleichung des Beweisgrundes vorliegt. Nicht nur der Ehrendoktor, sondern auch das Ansehen des Staates soll in Mitleidenschaft gezogen sein — eine bedeutungsvolle Behauptung, in der zwei fixe Ideen stecken: die beamtliche Denkgewohnheit, der es schwerfällt, zwischen Regierung und Staat zu unterscheiden, und die vor allem südlich des Mains verbreitete Glaubenslehre, das Land Bayern sei ein Staat. Diese Verächtlichmachung der Logik kann wirklich nicht hingenommen werden. Der Ausdruck ‚Staat‘ konnte zwar in früheren Zeiten auch auf einzelne Länder bezogen werden, aber sich heute daran festzuklammern, ist provinzlerischer Chauvinismus.

Bleibt nachzutragen, wie die traurige Posse weiterging. Die Gerichte kamen ins Rotieren, im Landtag wurden Anfragen eingebracht, die Presse nahm sich des Falles an, Leserbriefe füllten die Spalten der Lokalzeitungen („Ich bin selbst Bauer und habe noch eine Scheunenwand frei“), die Behörden gerieten in die Defensive, das Verfahren wurde eingestellt. Die Selbstjustiz sprang ein: eines Nachts im Mai 1980 kamen Unbekannte und überpinselten die Wandmalerei mit schwarzer Farbe. „Der Sachschaden wurde auf 1400 Mark beziffert, wobei allerdings der künstlerische Wert nicht berücksichtigt wurde. Als Belohnung für Hinweise auf die Täter hat Ulrich Bornebusch Farbfotos des Originalbildes ausgesetzt“ (Fränkische Landeszeitung, 15./16. 5. 1980).

Seitdem ist vorläufig Ruhe im bayrischen Märchenwald eingekehrt, nur von ferne heulen ein paar Wölfe und knirschen mit den Zähnen. Das Scheunenbild ist unter der schwarzen Übermalung noch deutlich zu erkennen.

Damit ist Rotkäppchens Geschichte, deren Spuren wir bis in die Gegenwart verfolgt haben, einstweilen beendet. Manches wäre noch zu erzählen und zu untersuchen, im Anhang sind weitere Texte abgedruckt. Eine Fülle von Rotkäppchenbearbeitungen konnte verzeichnet werden, und immer wieder macht man an den entlegensten Stellen neue Funde. Erst kürzlich stieß ich in dem Büchlein eines völlig unbekannten Autors auf eine durch Hermann Däweritz inspirierte Kurzfassung:

> Es war einmal ein Mädchen, das hatte schlechten Mundgeruch. Nur einer störte sich nicht daran: der Wolf. Aber wenn das erstunken und erlogen ist, dann lebt es heute noch.

Es wären viele weitere Variationen und Parodien zu schreiben. Wir bräuchten Versionen auf Hobbitisch, auf Vegetarisch, auf Zoologisch, auf Philosophisch, auf Sektendeutsch undsofort. Wie Raymond Queneaus funkensprühende ‚Stilübungen‘ vormachen, kann man überall die Feile ansetzen. Es geht dabei nicht um eine bloße Modernisierung, nicht um eine Anpassung an die Torheiten der Jetztzeit, nicht um eine beliebige Bearbeitung eines roh zu behandelnden Rohstoffs. Das haben die Märchen nicht verdient. Rotkäppchen ist kein Mädchen für alles. Die Parodie sollte auf der Höhe ihres Gegenstands sein und Sprachkunst, Erfindungsreichtum, Treffsicherheit besitzen. Es ist schwer, keine Satire zu schreiben, aber noch schwerer, eine gute zu schreiben.

Rotkäppchen im Nationalsozialismus

Es war einmal vor vielen, vielen Jahren in Deutschland ein Wald, den der Arbeitsdienst noch nicht gerodet hatte, und in diesem Wald lebte ein Wolf. An einem schönen Sonntag nun, es war gerade Erntedankfest, da ging ein kleines BDM-Mädel durch den Wald. Es hatte ein rotes Käppchen auf und wollte seine arische Großmutter besuchen, die in einem Mütterheim der NSV untergebracht war. In der Hand trug es ein Körbchen mit einer Pfundspende und einer Flasche Patenwein.

Da begegnete ihm der böse Wolf. Er hatte ein ganz braunes Fell, damit niemand gleich von Anbeginn seine rassefremden Absichten merken sollte. Rotkäppchen dachte auch nichts Böses, weil es ja wußte, daß alle Volksschädlinge im Konzentrationslager saßen, und glaubte, einen ganz gewöhnlichen bürgerlichen Hund vor sich zu haben.

„Heil, Rotkäppchen", sagte der Wolf. „Wo gehst Du denn hin?" Rotkäppchen antwortete: „Ich gehe zu meiner Oma ins Mütterheim." „So", sagte der Wolf. „Aber dann bring ihr doch ein paar Blumen mit, mit denen das Amt für Schönheit der Holzarbeit den Wald geschmückt hat!" Sogleich machte sich Rotkäppchen daran, ein Erntesträußchen zu pflücken. Der Wolf aber eilte zum Mütterheim, fraß die Großmutter auf, schlüpfte in ihre Kleider, steckte sich das Frauenschaftsabzeichen an und legte sich ins Bett.

Da kam auch Rotkäppchen schon zur Tür herein und fragte: „Nun, liebe Oma, wie geht es Dir?" Der Wolf versuchte, die volksnahe Stimme der Oma nachzumachen, und antwortete: „Gut, mein liebes Kind!" Rotkäppchen fragte: „Warum sprichst Du heute so andersartig zu mir?" Der Wolf antwortete: „Die Rednerausbildung am Vormittag hat

mich zu sehr beansprucht." — „Aber Oma, was hast Du für
große Ohren?" — „Damit ich das Geflüster der Meckerer besser hören kann!" — „Was hast Du denn für große Augen?"
— „Damit ich die Wühlmäuschen besser sehen kann!" — „Was
hast Du denn für einen großen Mund?" — „Du weißt doch,
daß ich in der Kulturgemeinde bin!" Und mit diesen Worten
fraß er das arme Rotkäppchen, legte sich ins Bett, schlief in
seiner verantwortungslosen Art sofort ein und schnarchte.

Da ging draußen der Kreisjägermeister vorbei. Er hörte
ihn und dachte: „Wie kann eine arische Großmutter so rassefremd schnarchen?" Und als er nachsah, da fand er den
Wolf; und er schoß ihn, obwohl er keinen Jagdschein für
Wölfe hatte, auf eigene Verantwortung hin tot. Dann schlitz-
te er ihm den Bauch auf und fand Großmutter und Kind
noch lebend. War das eine Freude! Der Wolf wurde dem
Reichsnährstand zugewiesen und zu Fleisch im eigenen Saft
verarbeitet. Der Kreisjägermeister durfte an der Uniform
einen goldgestickten Wolf tragen, Rotkäppchen wurde zur
Unterführerin im BDM befördert, und die Großmutter durfte
auf einem funkelnagelneuen KdF-Dampfer eine Erholungsrei-
se nach Madeira machen.

Anmerkungen

Zum historischen Verständnis siehe S. 88 f.
BDM: Bund Deutscher Mädel
NSV: Nationalsozialistische Volkswohlfahrt
Pfundspenden: Nahrungsmittelspenden, die pfundweise an das NS-
    Winterhilfswerk gegeben wurden
Wühlmäuschen: Bezeichnung für Widerstandskämpfer
KdF: Kraft durch Freude, NS-Freizeitorganisation

Rotkäppchen in der DDR

Rotkäppchen war gerade dabei, ein frohes Jugendleben zu entfalten, da kehrte die Mutter von der Versammlung der Haus- und Hofgemeinschaft zurück. Sie begrüßte Rotkäppchen mit der Losung: „Junge Pioniere, bildet Timurtrupps und helft unseren Parteiveteranen bei der verlustlosen Einbringung der Gartenernte!" „Rotkäppchen", schlußfolgerte sie, „nimm in dein Arbeitsprogramm auch einen Besuch bei unserer Großmutter, der verdienten Arbeitsveteranin, auf! Überreiche ihr aus Anlaß des 13. Jahrestages der Rentenerhöhung ein Stück Obstkuchen mit Schlagsahne und eine Weinflasche mit Faßbrause. Das wird die Großmutter stärken zu guten Taten für den Sozialismus und im Kampf um die allseitige Durchsetzung der Neuerermethoden auf dem Gebiet einer kulturellen Heimgestaltung. Weiche nicht vom Bitterfelder Weg ab! Und wenn du durch den Wald gehst, ermanne dich zu erhöhter Wachsamkeit gegenüber den parteifeindlichen Umtrieben des bösen Wolfes. Seinen sektiererischen und demagogischen Einflüsterungen, die vom Klassenfeind diktiert sind, darfst du nicht zum Opfer fallen! Vergiß nicht das blaue Halstuch und die rote Kappe! Seid bereit!"

„Immer bereit!" antwortete etwas traurig das Rotkäppchen, denn es hätte gern weiter frohes Jugendleben entfaltet. Aber auf Grund der 10 Gebote der sozialistischen Moral und eines kämpferischen Klassenbewußtseins schätzte es die Perspektiven seiner jugendlichen Entwicklung richtig ein und machte sich auf den Weg zur Großmutter. Bei seiner Wanderung kam das Rotkäppchen an einer Wiese, die einen Überplanbestand an schönen Blumen beinhaltete, vorbei. Dem Rotkäppchen gelang es, diese ungenutzten Reserven aufzudecken und sie unter Geringhaltung der Ausschußquote für die Produktion eines Blumenstraußes zu erschließen. Als das Rotkäppchen gerade dabei war, in sein Produktionsprogramm auch eine Pausengymnastik aufzunehmen, erschien der böse Wolf. „Freundschaft", sagte der Wolf, „was machst du hier?" Rotkäppchen, das den Wolf nicht gleich identifizierte, antwortete: „Ich entwickle Initiative zum Besuch der Großmutter und versuche, neue Wege zu beschreiten." „Laß uns eine Plandiskussion führen über einen komplexen Einsatz bei der Veteranin", entgegnete der Wolf. „Wir wollen als Kollektiv ein Aktionsprogramm erstellen. Erstürmt die Höhen der Kultur!"

Noch im gleichen Augenblick wurde ihm ein Verbesserungsvorschlag bewußt. Er setzte den ökonomischen Hebel an und änderte seinen Planentwurf dahingehend, daß er im progressiven Vorgehen in Teilabschnitten erst die Großmutter und danach das Rotkäppchen seinem Versorgungsplan einverleiben wollte. So verstieß er gegen die Richtlinien des Jugendförderungsplanes, und Rotkäppchen sah sich alleingelassen.

Kurz darauf stand der Wolf vor dem Wohnblock, in dem der Großmutter durch Beziehungen im Veteranenklub eine Parterrewohnung zugewiesen worden war. Eingedenk der Devise „Jedermann an jedem Ort — mehrmals in der Woche Sport" sprang der Wolf durch das entgegen den Vorschriften der Staatlichen Versicherung der DDR offenstehende Fenster. Mit der kranken Großmutter ließ er sich auf keine Diskussionen ein, sondern diktierte ihr unter Mißachtung der Beratung durch die Führungsgremien einseitig seine Meinung, indem er sie einfach auffraß. Danach versuchte der gefräßige Agent, sich zu tarnen. Er zog Großmutters Nachthemd aus Dederon an und legte sich mit dem Krankenschein der SVK in der Pfote ins Bett.

Nach kurzer Weile, in dem Bestreben, die Wartezeiten zu verkürzen, betrat auch das Rotkäppchen die AWG-Wohnung. Als das Rotkäppchen die unrealistische Großmutter sah, erschrak es sehr.

„Großmutter, warum hast du so große Augen?" — „Ich habe eine Halbtagsbeschäftigung als Gütekontrolleur angenommen!"

„Aber, Großmutter, warum hast du so große Ohren?" — „Ich betätige mich als ehrenamtliche Mitarbeiterin des Ministeriums für Staatssicherheit!"

„Großmutter, warum hast du aber einen so großen Mund?" — „Weißt du nicht, daß ich Chefkommentator beim demokratischen Rundfunk war?" —

Der Wolf beendete die kämpferischen Auseinandersetzungen durch positive Überzeugungsarbeit, indem er auch das Rotkäppchen mit Haut und Haar auffraß. Dann legte er sich schlafen und produzierte Schnarchtöne der Güteklasse „Q" mit Weltniveau.

Mit einem „Spatz" der Produktion vom VEB Simson-Suhl kam auf der Suche nach einer Vertragswerkstatt ein Mitglied des Jagdkollektivs daher. Zufällig führte der Jäger seine Thälmann-Sauer-Flinte II. Wahl mit sich. Dem Wolf wurde es zum Verhängnis, daß er es an der nötigen Wachsamkeit in fahrlässiger Weise hatte fehlen lassen. Mit Hilfe der Hinweise aus der Bevölkerung gelang es dem Jäger, den Wolf zu identifizieren und als Geheimagenten der imperialistischen Ultras zu entlarven. Er realisierte die Tötung der scheußlichen Bestie und befreite die Großmutter und das Rotkäppchen aus dem Leib des bösen Wolfes.

Bevor sie den Tag der Befreiung mit der Erstellung eines Kulturprogramms feierten, verfaßte das Rotkäppchen einen Artikel für die „Junge Welt", mit dem es die Kritik

100

an seiner falschen Verhaltensweise annahm und sich von seinem vertrauensseligen Versöhnlertum gegenüber dem Wolf distanzierte. Der Jäger hatte durch die Befreiung von Rotkäppchen und der Großmutter zwei Arbeitskräfte aus der nichtarbeitenden Bevölkerung zusätzlich erschlossen und somit einen Zuwachs des Volksvermögens um jährlich 2000,63 M erzielt. Er erhielt eine Prämie in Höhe von 300,– M. Außerdem wurde ihm für seine Tat eine Aufbaustunde im Rahmen seiner Selbstverpflichtung in der VMI angerechnet. Die Großmutter zahlte freiwillig einen Betrag für die Volkssolidarität, und das Rotkäppchen ließ sich von der Großmutter die leere Weinflasche für die nächste Altstoffsammlung geben.

Und wenn sie nicht gestorben sind, dann leben sie noch heute.

Anmerkungen

Originaltitel: Rotkäppchen, von neuem erzählt unter Voraussetzung sozialistischer Produktionsverhältnisse
Junge Pioniere: Kinderorganisation
Timurtrupps: Schülergruppen, die bei der Rentner- und Familienbetreuung mithelfen
Bitterfelder Weg: 1959 initiierte kulturpolitische Bewegung
Blaues Halstuch: wird als Symbol der Einheit von Pionieren, Elternhaus und Schule gewertet
Seid bereit / Immer bereit: Gruß der Jungen Pioniere
Veteranenklub: Rentnerklub
Dederon: Kunststoff
SVK – Sozialversicherungskasse (heißt seit einiger Zeit nur noch SV)
AWG: Arbeiterwohnungsbaugenossenschaften
Spatz: leichtes Motorrad
VEB: Volkseigener Betrieb
Simson-Suhl: Fahrrad- und Motorradfabrik in Suhl (Thüringen)
Junge Welt: Zeitung der FDJ (Jugendorganisation)
VMI: Volkswirtschaftliche Masseninitiative
Volkssolidarität: Spendenorganisation

Rotkäppchen auf Amtsdeutsch
von Thaddäus Troll

Im Kinderanfall unserer Stadtgemeinde ist eine hierorts
wohnhafte, noch unbeschulte Minderjährige aktenkundig,
welche durch ihre unübliche Kopfbekleidung gewohnheits-
rechtlich Rotkäppchen genannt zu werden pflegt. Der Mutter
besagter R. wurde seitens ihrer Mutter ein Schreiben zustellig gemacht, in welchem dieselbe Mitteilung ihrer Krankheit
und Pflegebedürftigkeit machte, worauf die Mutter der R.
dieser die Auflage machte, der Großmutter eine Sendung
von Nahrungs- und Genußmitteln zu Genesungszwecken
zuzustellen.

 Vor ihrer Inmarschsetzung wurde die R. seitens ihrer
Mutter über das Verbot betreffs Verlassens der Waldwege auf
Kreisebene belehrt. Dieselbe machte sich infolge Nichtbeachtung dieser Vorschrift straffällig und begegnete beim
Übertreten des amtlichen Blumenpflückverbotes einem po-
lizeilich nicht gemeldeten Wolf ohne festen Wohnsitz. Dieser
verlangte in gesetzwidriger Amtsanmaßung Einsichtnahme
in das zu Transportzwecken von Konsumgütern dienende
Korbbehältnis und traf in Tötungsabsicht die Feststellung,
daß die R. zu ihrer verschwägerten und verwandten, im
Baumbestand angemieteten Großmutter eilend war.

 Da wolfseits Verknappungen auf dem Ernährungs-
sektor vorherrschend waren, faßte er den Entschluß, bei der
Großmutter der R. unter Vorlage falscher Papiere vorsprachig
zu werden. Weil dieselbe wegen Augenleidens krank geschrieben war, gelang dem in Freßvorbereitung befindlichen
Untier die diesfallsige Täuschungsabsicht, worauf es unter
Verschlingung der Bettlägerigen einen strafbaren Mundraub
zur Durchführung brachte.

Ferner täuschte das Tier bei der später eintreffenden R. seine Identität mit der Großmutter vor, stellte ersterer nach und in der Folge durch Zweitverschlingung der R. seinen Tötungsvorsatz erneut unter Beweis.

Der sich auf einem Dienstgang befindliche und im Forstwesen zuständige Waldbeamte B. vernahm Schnarchgeräusche und stellte deren Urheberschaft seitens des Tiermaules fest. Er reichte bei seiner vorgesetzten Dienststelle ein Tötungsgesuch ein, das dortseits zuschlägig beschieden und pro Schuß bezuschußt wurde. Nach Beschaffung einer Pulverschießvorrichtung zu Jagdzwecken gab er in wahrgenommener Einflußnahme auf das Raubwesen einen Schuß ab.

Dieses wurde in Fortführung der Raubtiervernichtungsaktion auf Kreisebene nach Empfangnahme des Geschosses ablebig. Die gespreizte Beinhaltung des Totgutes weckte in dem Schußgeber die Vermutung, daß der Leichnam Menschenmaterial beinhalte. Zwecks diesbezüglicher Feststellung öffnete er unter Zuhilfenahme eines Messers den Kadaver zur Totvermarktung und stieß hierbei auf die noch lebhafte R. nebst beigehefteter Großmutter. Durch die unverhoffte Wiederbelebung bemächtigte sich beider Personen ein gesteigertes, amtlich nicht zulässiges Lebensgefühl, dem sie durch groben Unfug, öffentliches Ärgernis erregenden Lärm und Nichtbeachtung anderer Polizeiverordnungen Ausdruck verliehen, was ihre Haftpflichtigmachung zur Folge hatte. Der Vorfall wurde von den kulturschaffenden Gebrüdern Grimm zu Protokoll genommen und starkbekinderten Familien in Märchenform zustellig gemacht.

Wenn die Beteiligten nicht durch Hinschied abgegangen und in Fortfall gekommen sind, sind dieselben derzeitig noch lebhaft.

Saubermanns Töchterlein

„Das ist Rotkäppchen auf einer Illustration aus den fünfziger Jahren. Die fürsorgliche Mutter trägt Kaufhaus-Konfektion, die noch etwas an BDM-Zeiten erinnert. ... Wer das sichere Häuschen verläßt, begibt sich in Gefahr. Draußen lauert schon der Wolf. Wenn man statt Haus liest ‚Bündnis mit den Westmächten‘ und statt Wolf ‚roter Bär‘, hat man den Kern der Adenauerschen Ostpolitik jener Jahre.“   (Jörg Becker)

Rotkäppchen im amerikanischen Militärjargon
von Alfredo Grünberg

TO: Whoever it may concern
SUBJECT: HOOD, RED, RIDING, LITTLE

1. Once upon a time there lived a female personnel whose nomenclature was HOOD, RED, RIDING, LITTLE, one each (1). Her duty uniform consisted of following named items:

    a. Dress, red, cotton, 1 ea
    b. Cape, red, w/hood, 1 ea

2. One day HOOD, RED, RIDING, LITTLE rec'd a TWX from her MOTHER, GRAND, OLD, who lived in isolated area in a cottage, brick type, w/chimney, w/o TV.

The TWX read as follows:

UNCLAS „Dear HOOD, went on sick call yesterday. Confined for indefinite period. Love, relative type, MOTHER, GRAND, your. Please see me ASAP".

Hood typed up 1st Ind immediately:

„Basic communication complied with. ETA your station NLT 1600 hrs this day."

3. HOOD then departed homepoint handcarrying following items:

    a. Basket, picnic, wicker type, w/o top, 1 ea
    b. Sandwiches, salami, w/pickle & onion, w/o mustard & mayo, four ea (4)

While enroute to TDY destination, personnel concerned came to a forest, thick, primeval. Suddenly out of the thicket, briar, emerged a WOLF, BAD, BIG, BROWN, one each (1).

„Halt, who goes there & what are your last four?" challenged the WOLF. „4032, HOOD, RED, RIDING,

LITTLE, on TDY to Bldg 2355", stated HOOD. „Request your assistance in locating & picking of flowers, beautiful, one lot (1)", demanded the WOLF. „I am afraid this will not be tolerated by Mother, dear, my." „My VOCO should furnish necessary authorization", the WOLF replied hereon. „Awright then, above mentioned flowers w/b taken care of, effective immediately", HOOD said.

4. While HOOD was busy picking flowers, WOLF hurried to Bldg 2355. Upon arrival WOLF, BAD, BIG, BROWN swallows GRANNY in a single swallow, one each (1). WOLF then

    a. polices up area

    b. jumps into the bed

    c. and pulls on GRANNY's AC 146-92s.

HOOD enters: „Hello, MOTHER, GRAND! What big listening equipment you have got!" — „All the better to maintain maximum efficiency at minimum cost with zero defects", replied the WOLF.

5. Then HUNTER, HANDSOME, one each (1), hand-carrying weapon w/ammo, arrived at scene of incident. HUNTER killed WOLF, one each (1), performed nec surgical procedures to remove MOTHER, GRAND, from stomach of WOLF, BAD, BIG, BROWN, no injuries to involved personnel reported.

MOTHER, GRAND & HOOD, RED, RIDING, LITTLE then organized thank-you-party. All available supplies of alcoholic beverages were destroyed on the spot, resulting in serious intoxication of all personnel involved, three each (3).

FOR THE COMMANDER:

Incl: 1 Legend   Brothers GRIMM

Inclosure 1, LEGEND

1 ea	=	ein Stück
w	=	mit
w/o	=	ohne
TWX	=	Telegramm, Fernschreiben, Telecommunication
UNCLAS	=	Unclassified, nicht geheim
CLAS	=	Classified, geheim
Classified material	=	geheimzuhaltendes Material
ASAP	=	As soon as possible
1st Ind	=	erstes Indorsement (es wird kein Antwortbrief geschrieben, sondern der Originalbrief wird zurückgeschickt, mit der Antwort untenan oder auf der Rückseite)
2nd, 3rd Ind etc.	=	weitere Indorsements von anderen Personen, oder im Wechsel
ETA	=	Expected time of arrival
NLT	=	not later than
TDY	=	temporary duty, Dienstreise
last four	=	last four digits of serial number RA28974543, Regular Army ...
VOCO	=	Vocal command
w/b	=	will be
zero defects	=	null Fehler, einwandfrei
ammo	=	ammunition
nec	=	necessary
AC	=	Account Code

Rotkäppchen auf Mathematisch

von Friedrich Wille, unter tätiger Mithilfe von Viola Gramß,
Karin Langlotz und Jutta Viering

Es war einmal ein Mädchen, dem wurde eineindeutig eine
rote Kappe zugeordnet, wodurch es als Rotkäppchen defi-
niert wurde.

„Kind", argumentierte die Mutter, „werde kreativ,
mathematisiere die kürzeste Verbindung des Weges zur Großmutter, analysiere aber nicht die Blumen am Wege, sondern
formalisiere deinen Weg in systematischer Ordnung."

Rotkäppchen vereinigte einen Kuchen, eine Wurst und
eine Flasche Wein zu einer Menge, hinterfragte nochmal
den Weg und ging los. Im Walde schnitt sein Weg den eines
Wolfes. Er diskutierte mit ihm über die Relevanz eines Blumenstraußes für die Großmutter und motivierte es, einen
geordneten, höchstens abzählbaren Strauß zu verknüpfen.
Inzwischen machte der Wolf die Großmutter zu einer Teil-
menge von sich.

Als Rotkäppchen dann ankam, fragte es: „Großmutter,
warum hast du so große Augen?"

„Ich habe gerade mein Bafög erhalten!"

„Großmutter, warum hast du so große Ohren?"

„Ich habe versucht, Prüfungsfragen durch die Tür zu
erlauschen!"

„Großmutter, warum hast du so einen großen Mund?"

„Ich habe gerade versucht, das Mensaessen zu schluk-
ken!"

Darauf machte sich der Wolf zur konvexen Hülle von
Rotkäppchen.

Ein Jäger kam, sah eine leere Menge von Großmüttern
im Haus und problematisierte die Frage, bis sie ihm trans-

parent wurde.

Dann nahm er sein Messer und machte aus dem Wolf eine Schnittmenge. Die im Wolf integrierten Personen wurden schleunigst von ihm subtrahiert. Zum Wolf wurde eine mächtige Menge von Steinen addiert. Er fiel in einen zylinderförmigen cartesischen Brunnen, bis seine Restmenge nicht mehr lebte.

Rotkäppchen aus der Sicht eines Chemikers

Für das aus der Reaktion eines unbekannten Chemikers mit seinem weiblichen Reaktionspartner, der im folgenden kurz mit dem Trivialnamen Mutter bezeichnet wird, hervorgegangene Produkt hat sich in der internationalen Nomenklatur der Name „Rotkäppchen" allmählich durchgesetzt, da das seinen Kopf bedeckende Textilfasergewebe mit dem roten Phenazinfarbstoff Safranin gefärbt war. Aus einer Veröffentlichung in Carnevalistica Chimica Acta 11,11 (§ 111) entnahm die Mutter, daß der weibliche Reaktionspartner der Reaktion, bei der sie ihrerseits gebildet worden war – im folgenden mit Großmutter bezeichnet –, einem Angriff von Stoffwechselprodukten von Bakterien ausgesetzt war. Die Großmutter reagierte merklich exotherm, was an einer negativen Reaktionswärme zu erkennen war, die von ihrer Oberfläche an die sie umgebende Gasphase abgegeben wurde. Zur Erhöhung ihrer Aktivierungsenergie hatte sich die Großmutter auf einem sonst Recreationszwecken des menschlichen Körpers dienenden Gestell ausgebreitet.

Die Mutter entnahm ihrer Chemikaliensammlung einige Flaschen mit Reagenzien, die geeignet waren, die schädlichen bakteriellen Stoffwechselprodukte nebst ihren Präparatoren aus der Großmutterlauge auszufällen. Die Reagenzien verpackte sie bruchsicher in einem mit Holzwolle ausgekleideten Traggestell und beauftragte Rotkäppchen, dieses zur Großmutter zu befördern, es ermahnend, nicht das durch silikatische Gesteinsstücke befestigte Wegesystem zu verlassen. Durch Anthocyaninfarbstoffe enthaltende Blütenblätter ließ es sich doch in die Cellulose-Lignin-Chlorophyll-Vorräte links und rechts der Wege locken. Dort begegnete es einem entlaufenen Versuchstier des physiologisch-chemischen Institutes namens Wolf. Dieses prüfte eingehend die Reagenzien und erkundigte sich nach ihrem Verwendungszweck. Der Wolf, der nach einer Substanz suchte, um in seiner Verdauungsapparatur einen neuen Ansatz fahren zu können, kam auf den Gedanken, dazu Großmutterfleisch als geeignetes Substrat zu verwenden. Er legte rasch den Weg zur Großmutter zurück.

Da das Tier annahm, daß Großmutterfleisch leicht oxydierbar sei, legte es auf schnelles Arbeiten Wert und verwendete nicht wie bei früheren Reaktionsansätzen die von ihm entwickelte Fleischzerkleinerungsapparatur, die nach ihrem Erfinder auch Fleischwolf genannt wird, sondern zwängte die Großmutter in einem Stück in seinen Weithalskolben. Da sich der angreifenden Säure jetzt nur eine geringe Oberfläche bot, war die Reaktionsgeschwindigkeit natürlich sehr niedrig, und der Wolf legte sich auf ein von vier Stativen gehaltenes Liegegestell. Um Wärmeverluste an die Umgebung zu vermeiden, isolierte er sich mit Kleidung und Federbett der Großmutter. Das Rotkäppchen, das bald eintraf, identifizierte den Wolf infolge zu oberflächlicher Analysemethoden als Großmutter. Es begann vorsichtig, den aliquoten Teil einer mitgeführten Reagenzlösung in den vermeintlichen Großmutterhals einzupipettieren. Der Wolf, der wegen der Reaktionshemmung in seinem Magen dringend einen Katalysator benötigte, glaubte diesen unter den Reagenzien zu erkennen und füllte sie alle in sich hinein, einschließlich Rotkäppchen und der ganzen Flasche Barbitursäurederivat, das der Großmutter eigentlich als Schlafmittel hätte dienen sollen. Zur Erklärung dieses experimentellen Fehlers sei bemerkt, daß er mit sauberem präparativem Arbeiten nicht vertraut war. Die danach zu erwartende Wirkung trat schnell ein.

Der aufsichtführende Chemiker, der vom physiologisch-chemischen Institut über das Entlaufen des Versuchstieres informiert worden war, fand den Wolf in diesem Zustand vor. Durch starkes Stoßen in der Bauchapparatur wurde er auf eine vorschriftswidrige Beschickung aufmerksam. Er öffnete die Apparatur und konnte Großmutter und Rotkäppchen ziemlich intakt herausziehen. Sie waren kaum angeätzt. Den Wolf, dessen Außenwände durch das starke Stoßen schon Sprünge aufwiesen, zertrümmerte er vollständig und warf ihn auf den Abfallplatz.

Die beiden isolierten Substanzen wurden durch die plötzliche Lichteinstrahlung in einen angeregten Zustand versetzt. Die überschüssige Energie wurde in Form von Translations-, Rotations- und Oszillationsbewegungen abgegeben.

Der Vorfall wurde in einer Zuschrift an die Herausgeber von Grimms Annalen der Chemie veröffentlicht.

Rotkäppchen auf Theologisch

„Rotkäppchen!" klang die Stimme der Mutter durch den Garten. Eins der anderen Kinder stieß das spielende Rotkäppchen an: „Solltest du dich nicht gerufen sein lassen? " fragte es mahnend, „ist es dir denn gleichgültig, wenn deine Mutter dir etwas abfordert? "

Rotkäppchen gehorchte dem Anruf der Mutter und lief betroffen die Treppe hinauf. „Ich habe ein Anliegen an dich, mein Kind", sprach die Mutter mit brennender Sorge. „Du weißt ja um die große Not der kranken Großmutter. Aber setz dich! Bevor wir ins Gespräch kommen, will ich noch rasch die letzten Zeilen schreiben."

Nach einiger Zeit sagte die Mutter zu Rotkäppchen: „Du bist gefragt, mein Kind, ob du der Großmutter freudig mit ein paar Lebensmitteln dienen willst. Du kennst ja den Weg zu ihrem Häuschen im Wald. Insonderheit mußt du dir sagen lassen, daß du dich vor dem bösen Wolf in Acht nehmen mußt; du könntest sonst in große Daseinsangst geworfen werden. Fühlst du dich dafür nun zugerüstet, oder überfordere ich dich, mein Kind? "

Das Rotkäppchen schüttelte den Kopf und ließ sich freudig mit den Lebensmitteln ausrüsten. „Es muß dir wichtig werden", sagte die Mutter dabei, „stets auf dem rechten Weg zu bleiben und dich mit keinem einzulassen. Und", sie zog einen eng beschriebenen Bogen aus der Schreibmaschine, „hier ist noch das Wort, das ich nach ernsthafter Prüfung meines Gewissens für die Großmutter im Walde erarbeitet habe." Das Rotkäppchen steckte das Wort etwas achtlos in die Manteltasche. Es hatte schon so viele Worte zur Großmutter in den Wald getragen.

So brach das Rotkäppchen in aller Kümmerlichkeit,

aber nicht ohne Verheißung auf. Im Raum des Waldes war es still und schön. Das Rotkäppchen konnte es den Bäumen und Blumen förmlich abspüren, wie sie je an ihrem Ort wuchsen und blühten. Da ereignete es sich hier und jetzt, daß ein großer Hund hinter ihm hergelaufen kam und fragte: „Sollten wir nicht aneinander gewiesen sein? Wir haben doch weithin den gleichen Weg." Das Rotkäppchen freute sich, inmitten seiner Bedrängnis nicht so allein zu sein, und sagte fröhlich: „Wenn du mich in deine Gemeinschaft hineinnehmen willst, dann gern."

„So geschieht Bruderschaft", knurrte der Hund befriedigt und lief nebenher.

„Wie werde ich sie bloß los?" dachte der Hund, der natürlich der böse Wolf war, nach einer Weile. „Ich habe doch solchen Appetit auf die Großmutter. Zwar werde ich in Schuld kommen, aber der Hunger treibt mich um." Insgeheim erwog er, auch das Rotkäppchen mitzuverschlingen.

So rannte der böse Wolf davon zu dem Häuschen im Wald, fand sich vor das offene Fenster gestellt, sprang hinein und machte es der Großmutter deutlich, wer er sei, indem er sie mit Haut und Haaren verschluckte. Dann legte er sich ins Bett und wartete.

Als Rotkäppchen zum Häuschen gelangte, blieb es beirrt in der Tür stehen. „Spürst du es mir nicht ab, daß ich deine kranke Großmutter bin?" fragte der Wolf mit zitternder Stimme. Aber diese Frage war keine echte Frage, und darum kam sie bei Rotkäppchen nicht an. Es wollte sie der falschen Großmutter durchaus nicht abnehmen.

„Du solltest mir brüderlich zuhören", knurrte der Wolf und versteckte sich nun gar nicht mehr, „ich bin nun einmal aufgerufen, ein Wolf zu sein, und fühle mich gefordert, dich zu fressen."

Als der Jäger vorüberkam, ließ er sich die Not der beiden groß werden und wurde darüber freudig, den bösen Wolf zu töten. Dann zog er die Großmutter und das Rotkäppchen entschlossen aus dem Bauch des Wolfes. Das Rotkäppchen aber mußte sich in großem Ernst fragen lassen, warum es mit dem bösen Wolf gegangen war.

Als die beiden nun dem guten Jäger so recht von Herzen danken wollten, wehrte er ihnen ab und sagte: ,,Wir müssen nüchtern sein. Es war mir wesentlich, daß ich euch in Verantwortung diesen Dienst tun durfte. Das müßt ihr euch nun schenken lassen." Dann begegneten sie einander in einem feinen Gespräch.

Die gute Tat des Jägers wurde hin und her im Lande erzählt. Das Rotkäppchen aber lief fröhlich nach Hause, und wenn es nicht gestorben ist, dann lebt es noch heute, weil ja schließlich je und dann immer neue Worte zu den Großmüttern in den Wald getragen werden müssen.

Rotkäppchen auf Reklamedeutsch
von Thaddäus Troll

Es war einmal ein Kind, das hieß Rotkäppchen, weil es kein Käppchenmuffel war, sondern stets ein hautverträgliches Hütchen trug, das war röter als das röteste Rot unseres Lebens, dazu kochecht, absolut waschmaschinenfest, mit doppeltem Mittelstück und patentiertem Verschluß. Zu dem sprach die Mutter, eine nicht alltägliche Frau, die Kenner schätzen, da Skunksin ihr einen reinen Atem verleiht: ,,Mach mal Pause, pack den Tiger in den Tank und geh meilenweit zur rieselfreudigen Großmutter, denn sie ist krank, weil sie nicht bei der Mesallina Sach und Leben versichert ist. Wäre sie es, könnten wir, durch ihre Vorsorge vor Sorge geschützt, dem Schlimmsten ins Auge sehen, denn bei Unfalltod zahlt die Kasse für Leute, denen das Beste gut genug ist, sogar das Doppelte. Bring ihr ein paar verbrauchernahe Dinge des gehobenen Bedarfs: gaumenfreudige Kartoffeln, Fleisch von glücklichen Ochsen, Käse vom Fuße der Alpen, ein Huhn, das goldene Eier legt, ein aktuelles Vollwaschmittel und einen mäßigen, aber regelmäßigen Wein von den Hessischen Anilin- und Kaliwerken — denn im Lande der Gourmets versteht man was vom Geist des Weines!"

„Aber was mache ich, wenn ich dem bösen Wolf begegne, der im Walde läuft und läuft und läuft?" „Nimm zwei Tabletten Timidax, die Sonnenbrille für die Seele, gut gegen alle Schmerz- und Erregungszustände unserer modernen Zeit." „Alle sprechen vom Wetter — wir nicht!" sagte Rotkäppchen, griff zu dem Chefbehälter in Korbform, ein echtes Geschenk für den verwöhnten Anspruch, und machte sich auf den Weg, nicht ohne das Transistorgerät Marke Grünspan mitzunehmen, klangreiner als der klangreinste Brunstschrei des Hirsches, dem die Melodien so rahmig, so sahnig entwichen, daß die Vögelein auch in kritischen Tagen beschämt ihr Konzert einstellten.

Wie ein weißer Wirbelwind schritt das Kind aus, denn nicht umsonst trug es als guten Stern auf allen Straßen die atmungsaktiven Sandaletten Frischauf mit dem pilzhemmenden Mittel Fungol, dessen hochkarätige Tiefenwirkung alle Pifferlinge am Wegrand verdorren ließ. Vom Wohlklang des Transistorgeräts für den neuen Ohrengeschmack angezogen, kam bald wie ein weißer Riese der Wolf, in dessen exklusivem Fell sich die Ideale der klassischen Körperkultur mit dem Schnitt der modernen Welt zu einem kraftvoll-herben Duftakzent von eng anliegender, echter Eleganz vereinigten.

„Wohin des Wegs?" fragte der Wolf, funktionsgerichtet und kraftvoll aus der Tiefe wirksam.

„Zu meiner Großmutter, um ihr Genußmittel im Stil der neuen Zeit, aromareich und doch giftarm, zu bringen. Seit sie in der Bausparkasse Hebron prämienspart, wohnt sie in einer steuerbegünstigten Zweitwohnung im Stil der Erfolgreichen! Großmutter ist eine Reise wert!"

Mit einem fröhlichen Gang, wie ihn nur der täglich dreimalige Genuß von Milch, die müde Männer munter macht, vermittelt, machte sich der Wolf zur Großmutter, wo sich folgender Dialog entspann:

Jackie W., Großmutter: „Du hier, der große Klare aus dem Norden?"

Ihr Freund: „Zwei Worte, ein Bett."

Jackie W., Großmutter: „Ja, ein hartes Bett für harte Männer!"

Als der Wolf die knackige Großmutter so liegen sah, in ihrem hochmodischen Korselettchen mit Vorderverschluß ohne unzumutbare Wartezeiten, regte er mit zwei Tabletten Fressal die Galle seiner Leber an und verschlang die speiseröhrengerechte Frau mit einem ganz neuen Eßgefühl. In den Wolf hineinschlüpfen und sich wohlfühlen war für die Großmutter eins. „Nehmt's leicht, macht euch ein paar schöne Stunden", dachte sie.

„Großmutter macht's möglich", dachte er, legte sich in die extravagante Liege für die Frau von Format, deckte sich mottensicher zu und wartete mit unermüdlicher Wachkraft auf Rotkäppchen, das bald kam.

„Großmutter, warum hast du so ein rasierbereites Gesicht?"

„Weil ich das hautsympathische Capellovit mit dem

116

Wirkstoffzusatz SB 17 benutze, der Haarwuchs für die Größen dieser Zeit bis tief ins Gesicht hinein garantiert!"

„Großmutter, was riechst du so streng?"

„Das ist der Duft der großen, weiten Welt", sagte der Wolf, sah mit dem Appetit, den Frauen lieben, auf das bißfreudige, gaumengerechte Rotkäppchen, sprang aus dem Bett, verspeiste es mit dem haftaktiven, senilodentgepflegten Gebiß und schlief ein.

Von Großmutters erregend temperamentvoller Armleuchte in antikem Stilempfinden angelockt, kam der bärenharte Förster an das gepflegte Eigenheim. Sein Hörgerät Silex für kultivierte Individualisten ließ ihn bald die Schnarchgeräusche wahrnehmen. Hatte der Wolf es doch unterlassen, den echten Bärensirup zu kaufen, von dem zwei Tropfen, über den Mund oder sonstwohin gestrichen, den Gentleman vor unerwünschten Körpergeräuschen schützen.

„Wer wird denn gleich in die Luft gehen", sagte der Förster und griff zum neuzeitlichen Selbstoperierer Skalpin, der den schnittfesten Bauch des Wolfes wie eine sanfte Liebkosung magischer Hände aufschnitt. „Zwingt Messer rein und Großmutter raus", dachte er und ja: Skalpin bleibt Skalpin — heraus sprangen Großmutter und Enkelin, so fröhlich und so gut gelaunt, vom Zauber des Besonderen umgeben.

„Darauf einen Salbeitee!" sagte Rotkäppchen.

„Ja, aber nur den mit dem Wanzenbild!" versetzte die Großmutter.

„Erst mal entspannen, der nächste Winter kommt bestimmt", sagte der Förster.

Und wenn sie täglich dreimal Haemikoltropfen nehmen, die den Körper entschlacken und so darmaktiv wirken, sind sie noch nicht gestorben, sondern heute noch marktgerecht.

Rotkäppchen in der Scene
von Irmela

Da wa ma ne echt coole Frau, die hatte sich die Haare mit Henna gefärbt, da hieß sie überall nur noch Rotkäppchen. Die wohnte bei ihren Alten wegen der Kohle, auf Malochen hatte sie Null Bock. Aber die Alten machten total Terror von wegen Jobben oder so. Emotional lief da sowieso nichts mehr, und ne Zweierkiste hatte sie auch gerade nicht am Laufen.

Da sagte sie sich: „Hier wirste nich alt, und überhaupt is Action angesagt" und machte sich vom Acker zu ner befreundeten Land-WG, die hatten mitten im Wald en irres Haus aufgerissen, von so ner kranken Oma. Bei Karstadt in der Reformabteilung klaute die Frau noch ne Packung Müsli und ne Flasche okzitanischen Bio-Wein, dann trampte sie los.

Klappte auch alles ganz locker, nur das letzte Stück ging sie zu Fuß durch den Wald. Da kam ein total ausgeflippter Typ angelatscht, ganz schön beknackt, sag ich dir, Wolfgang hieß der oder so, is ja auch egal. Der Typ hing so rum, laberte was von nem Blumenstrauß und nem Jäger und wo denn die Großmutter wohnen würde.

Die Frau war zentral genervt und kriegte wahnsinnige Aggressionen: „Also, ich find das unheimlich Scheiße oder so. Das ist ja wohl die Härte, wie du mich hier so repressiv anmachst, Alter, da läuft echt Null!" Der abgefuckte Freak brauchte ne Weile, bis er das geschnallt hatte. Der war irgendwo total geschockt. Dann verpisste er sich, war wohl en echter Hammer für den, identitätsmäßig oder so, der hing völlig durch für en paar Wochen, war aber bestimmt en wichtiger Lernprozeß. So kriegt der ja nie en Bein auf die Erde.

Und die Frau, die hat sich voll eingebracht in die

Land-WG, die waren alle unheimlich lieb und spontan. Hab ich alles von dem Wilhelm gehört, das ist der Bruder von dem Jacob. Die beiden Typen erzählen vielleicht heiße Stories. Echt irre, ehrlich!

Rotkäppchen auf Linguistisch
von Ise Grimm

Es war einmal ein spezifiziertes Subjekt (Käppchen), dem wurde ein Feature (+rot) zugeordnet.

GROSSMUTTER zeigte negative Evidenz für die Wohlgeformtheitsbedingungen ihrer Oberflächenstruktur, und MUTTER postulierte die probabilistische Strategie:

— Bewege diesen output zyklischer Transformationen (Kuchen + Wein) zu GROSSMUTTER.

— Verstoße dabei nicht gegen die Weg-Insel-Beschränkung.

Die Strategie war funktional, scheiterte jedoch an dem Merkmalsbündel WOLF (+böse), das sich in der Distribution WALD befand. WOLF dekodierte die Bewegungsregel von ROTKÄPPCHEN, plazierte sich vor diesem in die vorgesehene Position und wendete auf GROSSMUTTER eine Tilgungstransformation an.

Ein explorativ orientierter JÄGER sensierte auditiv Dreikonsonantenkluster mit Sonoritätsgipfel und klassifizierte das Lautkontinuum als Schnarchen. Nachdem er sich in eine benachbarte Position bewegt hatte, analysierte er messerscharf die signifikante Tiefenstruktur:

— WOLF → MAGEN: (Großmutter + Rotkäppchen).

Damit überließ er das Phänomen seinem Schicksal und

119

eilte zum Schreibtisch, wo er diese innovatorische Erkenntnis in einer 200 Seiten langen Arbeit niederlegte, mit der er die Umformulierte Normalisierte Standardisierte Intensivierte Nullifizierte Nominalphraseologie (UNSINN) realisierte.

Durch minimale Faktorisierung wurde er auf einen professoralen Hochsitz passiviert. Und wenn er nicht getilgt wurde, sitzt er dort heute noch.

Rotkäppchen auf Mecklenburgisch

Dor wir mal eins ein Fruu, dei hadd ein lütt Diern. Diss' hadd ümmer so 'ne rode Kapp up, dorvon heit sei „Rotkäppchen".

Einmal seggt ehr Mudder tau ehr: „Rotkäppchen, gah hen un bring' Großmudder 'n bäten Kauken un Wien hen, denn sei is krank!"

As Rotkäppchen in 'n Holt is, begegent ehr dei Wulf.

Dei seggt: „Wo willst du hen, Rotkäppchen?"

„Ick will Großmudder Kauken un Wien henbringen."

„Wo wahnt dien Großmudder?"

„Dor hinnen in 'n Holt ünner dei groten Eiken."

Donn seggt dei Wulf: „Willst Großmudder nich 'n poor Ierdbeeren un einen Blaumenstruuß mitnähmen?"

„Ja", seggt Rotkäppchen.

Un ünner dei Tiet geht dei Wulf hen nah Großmudder ehr Huus un kloppt an.

Donn seggt Großmudder: „Wer ist da?"

„Dat is Rotkäppchen! Ick bring di Kauken un Wien!"

Donn seggt Großmudder: „Drück man up dei Klink!"

Donn geht dei Wulf hen un frett Großmudder up.

Donn kümmt Rotkäppchen un seggt: „O Großmudder,

wat hest du för grote Ogen?"

"Dat ick di bäter seihn kann!"

"O Großmudder, wat hest du för 'ne grote Näs'?" "Dat ick di bäter rüken kann!" "O Großmudder, wat hest du för grote Uhren?" "Dat ick di bäter hüren kann!" "O Großmudder, wat hest du för grote Händ'n?" "Dat ick di bäter anfaten kann!" "O Großmudder, wat hest du för ein grotes Muul?" "Dat ick di bäter fräten kann!" — Un donn springt hei tau un frett Rotkäppchen up. Donn leggt hei sick wedder in 'n Bett hen un snorkt.

Donn kümmt dei Jäger dor vörbie un seggt: "Wo snorkt dei oll Fruu so dull: Is sei so krank? Ick möt mal tauseihn."

Un hei geht nu rin, un donn liggt dei Wulf in 'n Bett. Dei Jäger kümmt nu bie un snitt den Wulf den Buuk apen. Donn kümmt Rotkäppchen wedder ruut un Großmudder uck. Donn packen sei den Wulf den Buuk vull Stein un laten em nu loopen. Donn will dei Wulf eins suppen un föllt rin in 't Water.

rotkapperl
von Josef Wittmann

d oma im oitasheim
is eh guad vasorgd.

und aus wein und kuacha
hod s a se no nia vui gmachd.

bleamen griagd s von da schwesda,
de zoin ma exdrig.

da woif im woid
kon wartn bis a schwarz wead:
von uns griagd a neamands.

121

Rothkäppchen
von Wolfgang Sembdner

Ein Mensch — und zwar ein kleines Mädchen —
War wohlbekannt im ganzen Städtchen.
Der kranken Oma namens Ella,
Der brachte sie Valpolicella.
Jedoch es kam auf halber Strecke
Ein Wolf aus einer Brombeerhecke.
Die Angst des Mädchens, die nervöse,
Sie steigert sich ins Psychiatröse.
Der Fall ist klinisch sehr bestechend:
Sie hört den Wolf als Menschen sprechend,
Hört fragen ihn nach Omas Hüttchen,
Erklärt den Weg ihm Schritt für Schrittchen.
Drauf schleicht der Wolf sich wie ein Mäuschen
Zur alten Oma ihrem Häuschen.
Bevor die Gute noch erschrak,
Sie schon dem Wolf im Magen lag.
Dann kommt das Mädchen mit der Mütze
Grad zum Dessert als rote Grütze.
Nach gutem Essen darf man alles —
Nur schnarchen soll man keines Falles.
Ein Doktor bringt ein Messer mit,
Und mittels einem raschen Schnitt
Befreit er Mädchen und auch Oma
Zur rechten Zeit noch aus dem Koma.
So ist zu Ende ihre Not;
Und als Moral schreibt Eugen Roth:
Auch wenn der Kaiser längst beseitigt,
Ein Kaiserschnitt oft Gutes zeitigt.

Das Rotkäppchen
von Bernhard Schindler

Als der Wolf tot war, verabschiedete sich das Rotkäppchen
von der Großmutter und vom Jäger und hüpfte nach Hause.

„Warum kommst du so spät?" fuhr die Mutter das
Rotkäppchen an.

„Ich bin unterwegs dem Wolf begegnet und ..."

„Du weißt doch, daß du spätestens beim Einnachten zu
Hause sein sollst!" sagte die Mutter.

„... und der Wolf hat zuerst die Großmutter gefressen
und dann mich und ..."

„Hör auf mit dem blöden Wolf — was erzählst du da?"

„... dann mußte uns der Jäger zuerst wieder aus dem
Bauch des Wolfes herausschneiden", sagte das Rotkäppchen
geduldig.

„Wart, ich gebe dir Wolf und Jäger!" sagte die Mutter
und griff nach dem Kochlöffel.

„Was ist denn los?" fragte der Vater, der gerade zur Türe hereinkam.

„Ich bin doch vom Wolf gefressen worden!" weinte
jetzt das Rotkäppchen, und: „Das ist wieder typisch deine
Tochter!" schimpfte die Mutter. „Erst neun Jahre alt und
lügt schon wie gedruckt!"

„Vielleicht hat sie einfach eine blühende Phantasie",
versuchte der Vater zu beschwichtigen. „Frag die Großmutter, was wirklich geschehen ist."

„Ach wo", sagte die Mutter, „du weißt doch, wie ver-
geßlich sie ist."

Das Rotkäppchen wurde ohne Nachtessen ins Bett
geschickt. Am andern Tag sprach die Mutter mit der Lehrerin, die versprach, sich der Sache anzunehmen. Sie erzählte

den Kindern vom Schafhirten, der zweimal fälschlicherweise das Dorf alarmierte, der Wolf sei da, und dem man, als der Wolf wirklich kam, nicht mehr glaubte. Dann forderte sie die Kinder auf, zu erzählen, wie sie einmal geschwindelt hätten. Alle Kinder meldeten sich, nur das Rotkäppchen schwieg.

„Und du, Rotkäppchen?" fragte schließlich die Lehrerin, „hast du uns nicht auch etwas zu sagen?"

„Ich habe nicht gelogen", sagte das Rotkäppchen leise.

Die Lehrerin gab es auf, meldete der Mutter, das Kind sei verstockt, und riet zu einer Behandlung beim schulpsychologischen Dienst. Nach einigen Wochen erhielten sie einen Termin.

„Leg dich auf die Couch", sagte der Psychiater, „und erzähl mir, was du gerade denkst!"

„Was hast du für ein entsetzlich großes Maul?" sagte das Rotkäppchen.

„Wie bitte?" Zum erstenmal in seiner Praxis war der Psychiater verblüfft.

„Das fragte ich die Großmutter, als sie so wie ich jetzt auf dem Bett lag", sagte das Rotkäppchen.

„Ach so", meinte der Psychiater und schrieb geschwind in sein Notizbuch „Großmutterkomplex?".

„Und was hat die Großmutter geantwortet?"

„Es war gar nicht die Großmutter, sondern der Wolf. Er sagte: ‚Damit ich dich besser fressen kann!' "

Der Arzt runzelte die Stirn und notierte „Verfolgungswahn".

„Und was hat dann der Wolf mit dir getan?"

„Er hat mich aufgefressen."

Der Arzt klappte das Notizbuch zu und redete ernst mit der Mutter. „Das Kind hat ein frühkindliches traumatisches Erlebnis gehabt. Vielleicht noch im Mutterleib. Wir werden das herausfinden müssen. Eine andere Frage: Haben Sie dem Rotkäppchen jemals Märchen erzählt?"

„Nun — ja", sagte die Mutter unsicher.

„Sehen Sie!" triumphierte der Doktor. „Ich sage es immer wieder: Märchen sind für Kinder denkbar ungeeignet. Märchen gehören verboten!"

Das Rotkäppchen ging jetzt regelmäßig zum Psychiater. Immer wieder mußte es seine Geschichte erzählen. Da er das Kind bei keinen Widersprüchen ertappen konnte, versuchte er es auf andere Weise.

„Bist du ganz sicher, daß es ein böser Wolf war?" fragte er das Rotkäppchen. „War es nicht vielleicht ein lieber Wolf?"

„Ich weiß nicht", sagte das Rotkäppchen und erschauerte.

Einige Zeit später begegnete das Rotkäppchen auf dem Weg zum Psychiater wiederum einem Wolf. Zuerst wollte es um Hilfe schreien. Aber dann dachte es: „Es wird mir doch niemand glauben. Und vielleicht ist es ja jetzt der liebe Wolf ..."

Die Suche nach dem Rotkäppchen dauerte vierzehn Tage. Der Psychiater wurde verhört, aber dort war es nachweislich nie angekommen. Später wurde dann der Fall unter den ungelösten Vermißtanzeigen abgelegt.

Rumpelstilzchen

Der Wolf erzählt
von Thomas Belker (Klasse 4a)

Eines Tages lief ich durch den tiefen, dunklen Wald, um ein kleines Reh zu fangen. Als ich an die große, bunte Wiese kam, sah ich plötzlich Rotkäppchen. Ihr kennt ja alle dieses ungezogene, böse, kleine Mädchen, das alle Tiere im Walde ärgert und quält, wann es nur kann. „Rotkäppchen", fragte ich es, „was tust du hier?" — „Hau ab, du blödes Vieh, ich pflücke Blumen für meine kranke Großmutter, die dir vorige Woche noch das Fell versohlt hat", schrie Rotkäppchen wütend. „Aber Rotkäppchen", sagte ich, „laß uns doch gute Freunde werden! Wir Tiere im Wald wollen immer nur lieb zu dir sein." — „Ach, was für ein blödes Geplapper, du stinkender, dreckiger Wolf! Ich hole den Jäger, damit er aus dir mit seinen Kugeln ein Sieb macht", schimpfte Rotkäppchen und stampfte vor Wut mit den Füßen auf den Boden.

„So ein freches Kind muß einen Denkzettel bekommen", dachte ich, rannte zur Großmutter und fraß sie auf. Kurz darauf lag ich als Großmutter verkleidet im Bett der Großmutter.

Plötzlich stieß Rotkäppchen die Tür auf, knallte das Körbchen auf den Tisch und brüllte los: „Meine Güte, Großmutter, wie scheußlich siehst du denn aus? Was hast du für große Elefantenohren?" — „Damit ich dich besser hören kann", murmelte ich. — „Was hast du für greuliche Glotzaugen?" — „Damit ich dich besser sehen kann", flüsterte ich. „Was hast du für grausige Tatzen?" — „Damit ich dich besser packen kann", knurrte ich. „Was hast du für eine riesengroße Schnauze?" — „Damit ich dich besser fressen kann", brüllte ich und verschlang das freche Blag mit einem Happen.

Als der Jäger kam und mich schnarchen hörte, befreite er die Großmutter und das ungezogene Rotkäppchen. Zum Glück habe ich es überlebt, daß der Jäger mir den Bauch aufgeschnitten hat. Rotkäppchen ist ein liebes Kind geworden. Ich aber bin ein Feind der Menschen geworden — und deshalb erzählen manche Leute das Märchen „Rotkäppchen" ganz anders.

Das Rotkäppchen und der gute Wolf
von Patrick Hawner (Klasse 6)

Es war einmal ein böses Mädchen, das hieß Rotkäppchen. Es hatte eine sehr kranke Großmutter. Eines Tages ging Rotkäppchen die Großmutter zu besuchen. Mitten im Wald traf sie den guten Wolf. Da Rotkäppchen den Weg nicht mehr genau wußte, fragte sie den Wolf: „He Wolf, weißt du, wo meine Großmutter wohnt?" Der Wolf erwiderte: „Die hinter den drei Buchen?" Rotkäppchen sprach: „Äh ..., ja genau." „Also gut, ich bring' dich hin", sagte der Wolf. Unterwegs forderte der Wolf das Rotkäppchen auf, noch ein paar Blumen zu pflücken. Sie nahm welche mit. Unterwegs erfuhr der Wolf, daß Rotkäppchen böse Absichten hatte. Und zwar forderte sie den Wolf auf, die Großmutter aufzufressen. Er bekäme dafür auch den ganzen Inhalt des Korbes. Der Wolf war darüber empört und geriet so außer sich, daß er das Rotkäppchen ins Bein biß. Da kam ein Jäger dahergelaufen und sah das Ereignis mit an, nahm sein Gewehr und feuerte sieben Schüsse ab. Der arme Wolf sank tot zu Boden. Durch solche Menschen heißt es: „Der Wolf ist ein Mörder!"

127

Das Rotkäppchen und der Wolfspelz
von Peter Rühmkorf

Es war einmal ein kleines süßes Mädchen, ja, mit Apfel-
bäckchen so richtig zum Anbeißen und einem Haarschopf so
gelb wie frischer Entenkükenflaum, das hatten alle Leute
gern, die es ansahen, am liebsten aber seine gute Großmutter,
die war Maßschneiderin in Niederwolfsbruchermoor bei Stade-
Elbe. Als das Mädchen sechs Jahre alt war und in die große
graue Schule nach Stade mußte, schenkte ihm sein Vater
einen festen Rindslederranzen und seine Mutter ihm eine
Fibel und ein Rechenbuch, seine Großmutter aber nähte
ihm eine Haube so rot so rot, daß es schon auf tausend
Schritt und mehr zu erkennen war und die Autofahrer
augenblicklich den Gasfuß lockerten und auf die Bremse
traten — ffffchchch — tschschschsch — rrrrmmmmmmms —
zkk! Das war sicher einerseits gut. Zum andern sind die
Menschen ja nicht gerade von den besten und die Schul-
kinder auch nicht viel besser, so daß sie das Mädchen wegen seiner Haube zu foppen begannen und ihm allerlei
seltsame Necknamen anhängten, zum Beispiel Glühköpf-
chen, Rückleuchtchen, Rotkäppchen, da konnte das Mädchen schon froh sein, daß es schließlich auf dem „Rotkäppchen" kleben blieb.

Als das Rotkäppchen in die Jahre kam und fast schon
so gut mit Nadel, Faden und Schere umgehen konnte wie die
Großmutter-Maßschneiderin, trug es immer noch das wunder-
liche Kindermützchen. Ja, es schien sich sogar eine Lust aus
dem Trotz zu machen und behielt die Kappe selbst dort auf
dem Kopf, wo alle anderen Kinder ihre Mützen abzunehmen
pflegen, in der Schule und im Kindergottesdienst, in der Stube und schließlich sogar im Bett. „Das ist doch wirklich zu

und zu bunt mit dem Rotkäppchen", mochte dann der Vater
gelegentlich auffahren, und die ratlose Mutter ergänzte seuf-
zend: „Woher das Kind das nur hat?!" Das aber scherte sich
nur wenig um das ganze Ordnungsgewese, und es dachte sich
immer neue Anlässe aus, um ins ferne Niederwolfsbruchermoor zu radeln, wo die Schrebergärten unversehens in Äcker
und Wiesen übergingen und die Wiesen und Weiden schließlich in den düsteren Wolfenbruch. „Gib nur acht, daß dich
dort nicht einmal ein fremder Mann anspricht!" — „Jojo,
klarklar." — „Diesen Männern sieht man die Bösigkeit
nämlich nicht gleich an der Nase an." — „Das hör ich jetzt
schon zum hundertsten Mal!" — Wenn das Rotkäppchen
aber wirklich einmal nachbohrte, wie die fremden Männer
denn aussähen, etwa wie der Papa?, konnten seine Eltern
auch nur sehr unbestimmt mit den Köpfen wackeln, naja-
nun, wie der Papa selbstverständlich nicht, aber auch wie der
Lehrer Langbehn nicht und nicht wie der Pastor Papenfoth
und der Kaufmann Kophamel, aber ganz gewiß nicht gerade wie der böse Wolf. „Das ist immerhin was", dachte an-
geödet das Rotkäppchen, und es nahm sich vor, in Zukunft
auf alle Männer zu achten, die nicht wie der Wolf und der
Papa und der Lehrer Langbehn und der Pastor Papenfoth
und der Kaufmann Kophamel aussahen.

An einem schönen Sommertag — so schön, daß sich
alle Leute die Hemden aufknöpften und die Strümpfe run-
terkrempelten — wollte die Großmutter gern ihr vierzigjäh-
riges Putzmacherjubiläum feiern. Da die Eltern mehr als
genug zu tun hatten und auch am Abend nicht abkömm-
lich waren, schienen sie zum ersten Male richtig erleichtert,
daß sie das Rotkäppchen schicken konnten, und gaben ihm
neben vielen guten Ermahnungen noch einen schokoladen-
überzogenen Napfkuchen, eine große Flasche Rotwein und

eine frisch geschärfte Schneiderschere mit auf den Weg. Wie es so ein Stündchen oder zweie durch die sengende Sonne gefahren war und aus purem Vergnügen noch einmal um den Hasenberg herum und noch einmal mit Karacho am Mühlenbach entlang, geschah es aber, daß der Schokoladenguß immer weicher und weicher wurde und die klebrige Masse schon durch das Packpapier schlug. Das Rotkäppchen, das wohl merkte, daß die Klebrigkeit irgendwie mit seiner Säumigkeit zusammenhing, dachte gleich, den Schaden werden wir besser unterwegs beheben. Am Rand des Waldes, wo es sich unbeobachtet glaubte, wickelte es also den Kuchen vorsichtig aus dem Papier und wischte erst die eine Schokoladenträne mit dem Zeigefinger auf, dann die andere mit dem Mittelfinger, dann die dritte mit dem Ringfinger, aber die Haut wurde dadurch nicht im mindesten glatter, allenfalls fleckiger, schrundiger, und so nahm es denn schließlich seine lange Zunge zu Hilfe und leckte mit der Sonne um die Wette die gesamte süße Oberfläche ab. Weil es aber vom Lecken und Schlecken großen Durst bekommen hatte, nahm es auch noch einen Schluck aus der großen Rotweinflasche — der schmeckte ihm herzlich sauer, brrr! —, aber der zweite und dritte und vierte mundeten schon etwas besser, bis das Rotkäppchen — wie sollen wir sagen? — auf eine seltsame Weise unternehmungslustig wurde und ganz tolle Schlangenlinien fuhr, zuerst nur weiter am lustig gewundenen Bach entlang und dann in den düsteren Wald hinein, dort wollte es die zu einem Viertel geleerte Flasche an der Mühlbachquelle wieder auffüllen.

Wer beschreibt seinen Schrecken, als es grad seine Röcke rafft, um zum Wasser niederzusteigen, und aus dem dunkelbunten Dickicht tritt auf einmal der Wolf hervor? Nun hatte es zwar keine großbesondere Angst vor solchen Wölfen, aber die Naschkatze ließ es sich doch nur ungern ansehen, und der Vorsatz der Weinpanscherei schien überhaupt nicht mehr zu vertuschen. So sagte es denn mit übertriebener Höflichkeit, guten Tag, der Herr Wolf, und ob der Herr Wolf sich nicht zu einem Schlückchen niederlassen möge, denn: mitgestohlen, dachte es bei sich, heißt wohl auch: mitverhohlen. Der schüttelte aber nur die lange graue Nase und sagte höflich, der Wein sei zwar bemerkenswert rot, aber doch nicht halb so hübsch rot wie des Rotkäppchens mohnrote Mütze. — „Die hat mir die Großmutter genäht." — „Die Großmutter? ei, da würde einer wie wir schon etliche Taler hinlegen, um solch ein Schmuckstück zu erwerben." — „Nichts leichter als das, es ist von hier aus nur eine kleine Stunde Wegs und gleich zwischen Waldrand und Dorfende." Dann beschrieb das Rotkäppchen dem Wolf den etwas verwundenen Weg mit allen Haken und Ösen und Abnähern, und um ganz sicher zu gehen, daß der Wolf seine Absicht auch wahrmache, drückte es ihm am Schluß die Weinflasche in seine Pfoten: „Da! geh schon einmal voraus und sag der Großmama, das Rotkäppchen wäre noch ein wenig Blumenpflücken gegangen." „Den Teufel auch!" dachte der Wolf, „das nimmt ja richtig Gestalt an. Und wo wir erst in der friedlichen Hütte beisammen sind, wird uns auch kein Jäger mehr nachstellen."

Als der Wolf bei dem Hüttchen anlangte — hübsch unbequem auf zwei Beinen, die ungewohnte Last an den Brustlatz gepreßt —, fand er die Türe nur angelehnt. Vorsichtig warf er zunächst einen spitzigen Blick durch den Spalt, da sah er die Großmutter hoch aufgerichtet und mit abgewandtem Gesicht bei der Nähmaschine stehen, eine stattliche Frau, wie es schien, und für einen ausgehungerten Räuber gerade das richtige, und ohne sich lange mit einem „schönen

Gruß" oder einem „guten Tag" aufzuhalten, machte er einen mächtigen Satz in die Stube hinein und verschlang die stumme Person mit Haut und Haar und all ihren Röcken und Bändern. „Der Teufel auch", dachte der Wolf, „das kann selbst einem gelernten Kälberdieb zu schaffen machen." Dann sah er sich, der Ordnung halber, etwas in dem Zimmer um, fand aber außer einem Zettel mit der Aufschrift „Bin gleich wieder da" nichts sonderlich Verdächtiges und streckte sich satt und müde auf dem breiten Großmutterbett zum Schlafen aus.

Wer kann heute noch sagen, wie lange er sich so in süßen oder schweren Träumen wälzte? Immerhin stak die Sonne schon tief im Gehölz und die Vögel stimmten auch bereits ihre Abendlieder an, als das Rotkäppchen eintrat und mit viel Trara und Gelärm seine hübschen Wiesenblumen auf mehrere Einmachgläser verteilte. „Das nenn ich mir Zeit vertrödeln", sagte ungehalten der Wolf, „was treibst du dich so lang im wilden Wald herum?!" — „Du sollst reden, liegst hier dick und fett in der Oma ihrem Bett und willst mir noch nachträglich Vorschriften machen." — „Das hat mir die Großmutter aufgetragen." — „Wers glaubt, wird selig, und wo ist sie abgeblieben?" — „In den Wald, nach dem Rotkäppchen kucken. Komm, reich mir einen Schluck Wein, der weite Weg und das lange Warten haben mir einen richtigen Brand gemacht." — „Nix, nix, der Rest bleibt für die Oma." — „Ei, so herum auf einmal, kleine Kröte, und hab ich dich nicht eben noch vom Rotwein schlecken und den Kuchen ablecken sehen?!" — In diesem Augenblick erkannte das Rotkäppchen glasklar-eiskalt, daß es in einer Falle saß. So hatte der finstere Geselle denn sein ganzes heimliches Treiben mitbekommen und sich nur arglistig blind gestellt. Und es dachte mit trüben Sinnen: „Genau wie der Papa, wenn er mich beim

132

Lehrer Langbehn anzuschwärzen droht." Der Wolf, der freilich seine eigenen Gedanken hatte, sinnierte vor sich hin: „Was mag es nur sein, das mich so durstig macht? Das kann doch die alte salzige Großmutter nicht allein gewesen sein."

Während das Rotkäppchen ihm notgedrungen nach- und nachschenkte und, wie wir gestehen müssen, bei jedem Glas auf ein halbes mithielt, geschah es aber, daß der Wolf immer tiefsinniger und melancholischer wurde und das Rotkäppchen immer ausgelassener. Der Wolf wollte lange Gespräche über einsame Wölfe führen — das Rotkäppchen klapperte mit der Schere herum und schnitt unsichtbare Figuren aus der Luft. Der Wolf versuchte, dem Rotkäppchen tief in die Augen zu sehen — das Rotkäppchen tutete auf dem Flaschenhals. Der Wolf haschte ungeschickt nach des Rotkäppchens Schürzenbändern — das Rotkäppchen wollte tanzen und sich im Kreise drehn. „Und wenn hier kein Mensch mit mir tanzt, dann tanz ich eben mit der Großmutter ihrer Schneiderpuppe!" Dabei stampfte das Mädchen klotzig mit dem kleinen Hacken auf und drehte sich wild entschlossen nach der Puppe um, die freilich fand sich weder an ihrem gewohnten Platz noch an einem anderen ungewohnten, und höchst verwundert fragte sich das Mädchen: „Die wird die Oma doch nicht mit in den Wald genommen haben?" Der Wolf aber, der nicht recht wußte, was er sich unter einer Schneiderpuppe vorzustellen habe und doch auch nicht so dumm erscheinen wollte, wie er wirklich war, lenkte vorsichtig abwiegelnd ein: „Wenn das die Eltern wüßten, wie du zu nachtschlafender Zeit noch so hitzig herumtollst! Komm, laß es genug sein, Rotkäppchen, und uns zu Bett begeben, wie es sich gehört."

Der Gedanke an seine Eltern brachte augenblicklich etwas Ruhe in das Rotkäppchen. Auch meinte es in seinem

133

Übermut, daß „zu Bett" noch lange nicht „schlafen" heiße, und so sprach es denn zu dem Wolf: „Wohlan, mein Herr, wenn Ihr mir dreimal nachtut, was ich Euch vorexerziere, dann will ich gern mit Euch das Lager teilen." Das schien dem Wolf ein Wort, und er gab dem Mädchen die Pfote darauf. Nun machte sich aber das Rotkäppchen als erstes daran, sich die Hände und die Füße zu säubern. „Nichts leichter als das", sagte hocherfreut der Wolf, und er schrubbte und wienerte an sich herum, daß es nur so eine Art hatte. Als nächstes begann das Rotkäppchen, sich die Zähne zu putzen, und „ja das ist lustig und belehrend zugleich", sagte wieder der Wolf und fuhr sich mit der Wurzelbürste übers Gebiß, daß die Borsten sich nur so spreizten und der Geifer durch die Gegend flockte. „Und als drittes" — „Drittes?" — „als ein drittes und letztes wünsche ich mir von dir, daß du endlich deinen lausigen Kratzepelz ablegst." Dabei löste das Mädchen auch schon die Bänder seiner roten Haube, daß das goldene Haar wie ein Sturzbach niederschoß und der Wolf ganz stiere begehrliche Augen bekam, indes wie sollte ein Wolf — „Meinen Pelz? Ich?! Ausziehn??" — seiner angeborenen Kleidung lebendigen Leibes ledig werden?

„Ja, sieh nur zu, wie du aus deinem Anzug herauskommst!" Der Wolf blickte grämlich schnüffelnd an sich herab, doch ließ sich auch bei genauester Prüfung kein Ausschlupfloch entdecken. „Nun, irgendeine verborgene Knopfleiste wird es wohl noch geben." Der Wolf zog der Probe halber einmal die Klauen durch die Zähne, aber es regte und rührte sich nichts. „Und wenn ich es denn nicht alleine kann", rief er schließlich in seiner Verzweiflung, „so schneide du mir mit deiner Schneiderschere eine Öffnung in meinen Pelz, nur binde dein Käppchen nicht wieder fest und laß mich in alle Ewigkeit deine goldenen Haare schauen."

Das Wort Ewigkeit ließ sich das Rotkäppchen nicht zweimal sagen. Geschwind wie eine geborene Schneiderin machte es dem Wolf ritsch-ratsch ein paar passende Schnitte in den grauschwarzgrauen Overall, und schon zerrten und zogen sie mit vereinten Kräften an den Zipfeln herum, und ehe die beiden närrischen Wesen es sich versahen, stand — flupsch! — ein bleicher nackter Jüngling in der mausestillen Schneiderstube.

Zu erklären, wie es zu diesem Wunder hatte kommen können, blieb dem nackten fremden Manne leider keine Zeit. Kaum daß ihn ein unabwendliches Würgen angekommen war, kaum daß er den Finger in den Hals gesteckt und sich nach seinem furchterregenden Äußeren auch noch seines fürchterlichen Inneren entledigt hatte, knarzte auch schon die Haustür in den Angeln und — unberufen wie eine richtige Geistererscheinung — stand die Großmutter auf der Schwelle. „Aber Kinder, wie kann man denn solch einen Unfug treiben!" — „Aber liebes Rotkäppchen, wie kann man denn so mit einer Schneiderpuppe herumkegeln." — „Aber mein Herr, wer wird denn einen so kostbaren Pelz einfach auf die schmutzigen Dielen werfen!" Dann stellte sie die Kleiderpuppe wieder auf die Beine und legte ihr behutsam kennerisch den Wolfspelz um die Schultern: „Jaja, das ist ein märchenhafter Stoff, aber sagen Sie, mein Herr, wer hat Ihnen den so saumäßig zugeschnitten?"

Nachwort zur Neuausgabe

Meine Schrift erschien im Sommer 1981 und erlebte schnell mehrere Auflagen. Im Herbst 1982 drängten deutsche Großverlage mit eigenen Rotkäppchenbüchern auf den Markt. Während die Leser wohlgefällig ein kleines Mädchen betrachteten, das auf einem sonnenbeschienenen Weg fürbaß ging, rangelte im Dunkel des Waldes ein ganzes Rudel Wölfe um die Verwertung der Beute. Jeder kann durch einen Vergleich herausfinden, was an den Konkurrenzprodukten neu, richtig und lustig ist. Ich habe eine Kritik an dem Buch von Herrn Zipes geschrieben, die jeder wissenschaftlich Interessierte über den Verlag anfordern kann.

Die vorliegende Auflage ist eine überarbeitete Ausgabe. Ich habe Druckfehler berichtigt, stilistische Einzelheiten verbessert, einzelne Thesen modifiziert und zwei neue Parodien aufgenommen. Die Bibliographie wurde ergänzt und teilweise anders geordnet: die Textvorlagen sind genau in der Reihenfolge der Gliederung aufgeführt, die weiteren Variationen und die sekundärliterarischen Arbeiten folgen alphabetisch.

Für freundliche Hilfe danke ich: Jürgen Reich, Manfred Bosch, Bernd Ulrich Hucker, Ulrich Bornebusch, Burckhard Garbe, Hans Jörg Uther, Ulrich Link, Edith Leitis, Erika Fleischmann, Heinz Klüter, Lothar Turowski, Iring Fetscher, Eleonore Lindenberg, Liselotte Suschke und Dieter Hennig. Mein Dank gilt auch den Autoren und Verlagen, die einen Abdruck genehmigten, sowie den Institutionen, bei denen ich bibliographisches Material sammeln konnte: Brüder-Grimm-Museum in Kassel, Archiv der Enzyklopädie des Märchens in Göttingen, Frankfurter Institut für Jugendbuchforschung und Frankfurter Sigmund-Freud-Institut.

Textvorlagen

E. Tegethoff (Hrsg.), Französische Volksmärchen, Bd. 2, Jena 1923, S. 259 f. (statt ‚Groß‘ steht in unserem Abdruck immer ‚Großmutter‘)

C. Perrault, Die Märchen, München 1973, S. 30-36

L. Tieck, Schriften Bd. 2, Berlin 1828, photomechanischer Nachdruck Berlin 1966, Leben und Tod des kleinen Rotkäppchens, Eine Tragödie: S. 327-362

H. Rölleke (Hrsg.), Brüder Grimm, Kinder- und Hausmärchen, Ausgabe letzter Hand, Stuttgart 1980, Bd. 1, S. 156-160 (siehe auch Bd. 3, S. 59, 454)

E. Fromm, Märchen, Mythen, Träume, Konstanz 1957, Das Rotkäppchen: S. 221-226

J. Schwarz, Rotkäppchen, Märchen in drei Akten, vervielfältigtes Bühnenmanuskript, Berlin o. J.

J. Thurber, 75 Fabeln für Zeitgenossen, Reinbek 1967, Das kleine Mädchen und der Wolf: S. 10

F. K. Waechter, Opa Huckes Mitmach-Kabinett, 2. Aufl., Weinheim/ Basel 1977, S. 34

T. Ungerers Märchenbuch, Zürich 1975, Rotkäppchen, überdacht und wiedergekäut: S. 84-91

J. Ringelnatz, Die wilde Miss vom Ohio und andere ungewöhnliche Geschichten, Berlin 1977, Kuttel Daddeldu erzählt seinen Kindern das Märchen vom Rotkäppchen und zeichnet ihnen sogar was dazu: S. 45-49

F. Schanz, Wie unsere Märchen weitergehen, München/Berlin 1919

S. Heym, Erich Hückniesel und das fortgesetzte Rotkäppchen, Märchen für kluge Kinder, Berlin 1977, S. 23-33

Janosch erzählt Grimms Märchen, 5. Aufl., Weinheim/Basel 1978, Das elektrische Rotkäppchen: S. 102-107

I. Fetscher, Streit um Rotkäppchen, Sendung im NDR 3 am 17. 2. 1974 (auch in: I. Fetscher, Der Nulltarif der Wichtelmänner, Märchen- und andere Verwirrspiele, Düsseldorf 1982, S. 134-159)

R. Franz, Die schönsten Märchen für die nationale Kinderwelt, bearbeitet im Sinne des Reichsverbandes gegen die Sozialdemokratie, München 1911, S. 53-56

Rotkäppchen im Nationalsozialismus, in: Münchner Netteste Nachrichten, Februar 1937 (Faschingsausgabe der Münchner Neuesten Nachrichten), nachgedruckt in: Süddeutsche Zeitung, 22. 2. 1952 (Originaltitel: Das Rotkäppchen)

Rotkäppchen in der DDR, vervielfältigtes Manuskript, das seit mehreren Jahren kursiert (der im ‚Deutschland Archiv‘ — Nr. 1/1981, S. 19 f. — zu findende Text weicht in vielen Einzelheiten von der Fassung ab, die hier mit Erläuterungen veröffentlicht wird)

Rotkäppchen auf Amtsdeutsch (wurde 1953 geschrieben und seitdem in zahlreichen Versionen verbreitet, die vom Autor selbst und von anderen Personen diverse Male redigiert wurden; Druck nach einem 1980 übersandten Manuskript Thaddäus Trolls)

A. Grünberg, Rotkäppchen im amerikanischen Militärjargon, 1965, Erstdruck (für die vorliegende Ausgabe vom Autor leicht korrigiert)

Rotkäppchen auf Mathematisch, in: Prisma, Zeitschrift der Gesamthochschule Kassel, 15/1977, S. 115 (Originaltitel: Rotkäppchen, wie es der Mathematiker Kasseler Prägung seinen unmündigen Kindern zur Nacht erzählt) (für die vorliegende Ausgabe in Übereinstimmung mit dem Autor leicht korrigiert)

Rotkäppchen aus der Sicht eines Chemikers, in: L. Röhrich, Gebärde, Metapher, Parodie, Studien zur Sprache und Volksdichtung, Düsseldorf 1967, S. 141 f. (zwei Sätze wurden grammatisch korrigiert)

Rotkäppchen auf Theologisch, ebenda, S. 143 f. (Originaltitel: Rotkäppchen – von einem Mann der Kirche neu erzählt)

Rotkäppchen auf Reklamedeutsch (wurde 1963 geschrieben und seitdem in zahlreichen Versionen verbreitet, die vom Autor selbst und von anderen Personen diverse Male redigiert wurden; Druck nach einem 1980 übersandten Manuskript Thaddäus Trolls)

Irmela, Rotkäppchen in der Scene, 1981, Erstdruck (für die vorliegende Ausgabe von der Autorin leicht überarbeitet)

I. Grimm, Rotkäppchen auf Linguistisch, 1982, Erstdruck

Rotkäppchen auf Mecklenburgisch, in: S. Neumann (Hrsg.), Mecklenburgische Volksmärchen, Berlin 1971, S. 131

J. Wittmann, Hansl, Grädl & Co., Märchen in bairischer Mundart, Feldafing 1977, S. 26

W. Sembdner, Rothkäppchen, 1982, Erstdruck

Rumpelstilzchen (= B. Schindler), Das Rotkäppchen, in: Neue Zürcher Zeitung, 10. 1. 1976 (im letzten Satz wurde ‚sein Fall' durch ‚der Fall' ersetzt)

T. Belker, Der Wolf erzählt, in: P. J. Schindler (Hrsg.), Gebt uns Bücher, gebt uns Flügel, Hamburg 1970, S. 86 f. (Als Thomas Belker diese Geschichte schrieb, war er in der Klasse 4a)

P. Hawner, Das Rotkäppchen und der gute Wolf, in: Ambrosius bla bla, Schülerzeitschrift der Internatsschule Schloß Gaienhofen, 1979/80, S. 50 (Als Patrick Hawner diese Geschichte schrieb, war er in der Klasse 6)

P. Rühmkorf, Das Rotkäppchen und der Wolfspelz, 1981, Erstdruck

Weitere Variationen

K. Bartsch, Letzte Variation über das alte Thema, in: Die Zeit, 3. 12. 1982

K. Barwasser, Rotkäppchen, etwas freier als Grimm, Kamen o. J. (um 1978)

L. Bechstein, Sämtliche Märchen, hrsg. W. Scherf, Stuttgart 1966, Das Rotkäppchen: S. 66-72 (siehe auch S. 787 f.)

F. Bonn, Theater-Bilderbuch, Vier Scenen für das Kinderherz, Scene 1: Das Rotkäppchen, Esslingen o. J. (um 1860, Nachdruck Esslingen 1978)

K. Brand, Rotvektorchen und die große, böse Mengenlehre, in: Schülerzeitung der Realschule Villingen, 10/1976, S. 19 f.

G. d. Bruyn, Märkische Forschungen, Frankfurt/M 1981, S. 66-69

A. Christie, Rotkäppchen und der böse Wolf, 8. Aufl., Bern/München 1979

R. Dahl, Rotkäppchen im Pelz / Rotkäppchen und die drei kleinen Schweinchen, in: R. Dahl, Konfetti, Reinbek 1983

I. Fetscher, Rotschöpfchen und der Wolf, in: I. Fetscher, Wer hat Dornröschen wachgeküßt? Das Märchen-Verwirrbuch, Frankfurt/Main 1974, S. 28-32 (siehe auch S. 152 f.)

Floh de Cologne, Rotkäppchen (nach J. Schwarz), mit F. J. Degenhardt, D. Süverkrüp, H. Wader, H. D. Hüsch u. a., Schallplatte im Pläne-Verlag, Dortmund

B. Garbe, Der ungestiefelte Kater, Grimms Märchen umerzählt, Göttingen 1974 und 1980, Wolf bleibt Wolf: S. 91-93

O. Gmelin, Märchen für tapfere Mädchen, Gießen 1978, S. 16-18 (siehe auch: Eltern 11/1972, S. 12-21)

K. Gobert, Rotkäppchen im ‚Echo des Tages‘, in: Die Zeit, 4. 8. 1949

H.A.P. Grieshaber, Rotkäppchen und der Maler, Pfullingen 1964

E. G. Gröben, Dramatisierte Märchen, Leipzig 1882, Rotkäppchen, Schauspiel in zwei Akten: S. 1-12

M. v. d. Grün, Rotkäppchen, in: J. Jung (Hrsg.), Bilderbogengeschichten, München 1976, S. 95-97

E. A. Herrmann, Lieder und Spiele, Heidelberg 1968, Rotkäppchen, Ein Märchenspiel in drei Scenen: S. 250-262

M. ten Hoff, Sosusalakumba und der Wolf, in: Twen 7/1962, S. 16

G. Holting, Das kleine Rotkäppchen, Berlin 1840

T. Instinsky, Rotkäppchen und der Wolf, in: Höfchen, Mainzer

Schülerzeitung, 1/1965, S. 25

M. Kassajep, Deutsche Hausmärchen, frisch getrimmt, Dachau 1980, Rotkäppchen mit Sturzhelm: S. 60-63

E. Kishon, Wie unfair, David! Satiren, Frankfurt/M 1978 (Schreckensrotkäppchen: S. 94-96)

T. Koch, Rotkäppchens Freiheit, in: Die Zeit, 1. 5. 1958

R. Krenzer, Rotkäppchen, Minimärchen, in: H. J. Gelberg (Hrsg.), Menschengeschichten, Drittes Jahrbuch der Kinderliteratur, Weinheim 1975, S. 196

H. Leiter, Rotkäppchen, in: Im Fliederbusch das Krokodil singt wunderschöne Weisen, Wien/München 1977, S. 80

W. Majakowski, Das Märchen vom Rotkäppchen, in: Werke, hrsg. von L. Kossuth, Bd. 1, Gedichte, Frankfurt/Main 1973, S. 55

A. Meinert (= A. Penkala), Rotkäppchen 1965, in: Frankfurter Rundschau, 6. 9. 1965 (das Originalmanuskript der Autorin unterscheidet sich in ein paar Details von dem gedruckten Text)

F. Meseck, Seifenblasen, Träume und Märchen, Berlin 1925, S. 14

W. Mieder (Hrsg.), Grimms Märchen — modern, Stuttgart 1979, S. 83-99

K. Millau, Kernkäppchen und der Wolf, in: Süddeutsche Zeitung, 14./15. 10. 1978

H. Miller, Plexus, Reinbek 1970, S. 315-322

B. Noder, Rotkäppchen, Erlangen 1980

W. Péhan, Grimm 2000, Wien 1977, Rotkäppchen 2000: S. 34-38

F. Pocci, Die Zaubergeige und andere Märchenkomödien, Berlin 1977, Das Märchen vom Rotkäppchen: S. 198-222, 374 f.

T. Ross, Rotkäppchen, Zug 1978

Das ferngesteuerte Rotkäppchen, in: Westermanns Pädagogische Beiträge 8/1975, S. 454 f. (Teil eines Aufsatzes von E. Kaiser)

Rotschöpfchen, in: S wie Schule, 1/1978, S. 22 f.

J. Saunders, Ein Duft von Blumen, Reinbek 1967, S. 7-68

J. Schniebel, Rotkäppchen-Comic, in: R. Gauter, Die Sprüchemacher, Reinbek 1980, Umschlagrückseite

J. Schwedhelm, Mao-Bibeln im Wolfsbauch, Warum man Rotkäppchen zum Fressen gern hat, in: Süddeutsche Zeitung, 9. 5. 1970

W. Siebeck, Ein Brief von Rotkäppchen, in: Die Zeit, 12. 9. 1980

W. Siebeck, Roswitha und der Wolf, in: Stern 36/1982, S. 44

W. Siebeck, Rotkäppchen und des Königs reitender Bote, in: Stern 29/1980, S. 84

W. Siebeck, Rotkäppchen und der Volvo, in: Die Zeit 47/1966, S. 47 (auch in: W. Siebeck, Gewußt wie, Zürich 1970, S. 27 f.)

W. Siebeck, Rotkäppchen und die Wanzen, in: Wolfram Siebecks beste Geschichten, Frankfurt/M 1979, S. 28 f.

E. Siewert, Rotkäppchen. Ein Kindermärchen in drei Akten, Esslingen o. J. (um 1880)

Z. K. Slabý (Hrsg.), Der orangenfarbene Mond und andere Kindergeschichten aus der Tschechoslowakei, Recklinghausen 1972, S. 7-16

A. Svedberg, Rotkäppchen, in: Kärlek I, Malmö 1965 (siehe: P. u. E. Kronhausen, Erotische Fantasien im Licht der modernen Sexualpsychologie, München 1972, S. 98-104)

F. Tanski, Serengeti, Biebertal 1982, S. 15 f.

A. Ungern-Sternberg, Braune Märchen (Erstausgabe Bremen 1850), Berlin 1919, S. 191-204

R. O. Wiemer, Der alte Wolf, in: H. J. Gelberg (Hrsg.), Neues von Rumpelstilzchen und andere Haus-Märchen, Weinheim/Basel 1976, S. 73

C. Wirth, Laut- und Formenlehre der sechsämterischen Mundart, Anhang: Es mäerl ven Rautkappl, in: Archiv für Geschichte und Altertumskunde von Oberfranken, Bd. 20, H. 1, 1897, S. 229-232

R. Wohlleben, Wer ist das Rotkäppchen? Meiendorfer Gebrauchstragödie, 3. Akt, Hamburg 1981

Sekundärliteratur

T. W. Adorno, Minima Moralia, Frankfurt/Main 1951, S. 109

J. Becker, Märchenkritik, in: Warum 9/1977, S. 38

H. Beit, Symbolik des Märchens, Bd. 1, Bern 1952, S. 661

W. Benjamin, Einbahnstraße, Frankfurt/Main 1955, S. 87

W. Benjamin, Illuminationen, Frankfurt/Main 1961, S. 429 f.

E. Berne, Was sagen Sie, nachdem Sie ‚Guten Tag‘ gesagt haben? Psychologie des menschlichen Verhaltens, 3. Auflage, München 1981, S. 50-54, 187-190

B. Bettelheim, Kinder brauchen Märchen, München 1980, S. 191-211

F. Betz, Märchen als Schlüssel der Welt, 2. Auflage, München 1978, S. 73-79

E. Bloch, Erbschaft dieser Zeit, Frankfurt/Main 1962, S. 182 ff.

E. Bloch, Literarische Aufsätze, Frankfurt/Main 1965, S. 345

E. Bloch, Das Prinzip Hoffnung, Bd. 1, Frankfurt/Main 1967, S. 428

J. Bolte / G. Polivka, Anmerkungen zu den Kinder- und Hausmärchen der Brüder Grimm, Hildesheim 1963, Bd. 1, S. 234-237, Bd. 4, S. 262-265, 466

D. Bosch, Märchen, Skizzen einfühlender Deutungen als analytische Lehrstücke der Kindheits- und Jugendpsychologie, Heidelberg 1980 (Wenn dir's die Mutter verboten hat, Eine Plauderei zum Rotkäppchen: S. 117-122)

H. Brackert (Hrsg.), Und wenn sie nicht gestorben sind, Perspektiven auf das Märchen, Frankfurt/Main 1980, S. 64, 66

S. Brandt, Rotkäppchen und der Klassenkampf, in: Der Monat 12/ 1960, S. 65-74

M. Broszat, Rotkäppchen vor vierzig Jahren, in: Süddeutsche Zeitung, 19./20. 2. 1977

W. Bülow, Die Geheimsprache der deutschen Märchen, Hellerau bei Dresden 1925, S. 28-32

A. Calvetti, Una versione romagnola di Cappuccetto Rosso, in: In Rumâgna, a.II, 1975, fasc. II/III, S. 85-94

P. Delarue, Le conte populaire français, Bd. 1, Paris 1957, S. 373-383

P. Delarue, Les contes merveilleux de Perrault et la tradition populaire, Le petit chaperon rouge, in: Bulletin folklorique d'Ile de France, Paris 1951

P. Delarue, The Borzoi Book of French Folk Tales, New York 1956, S. 380-383

H. P. Duerr, Traumzeit, Über die Grenze zwischen Wildnis und Zivilisation, Frankfurt/Main 1978

Das in Freßvorbereitung befindliche Untier, Mit dem Märchen vom Rotkäppchen gegen Sprachsünden in den Ämtern, Frankfurter Allgemeine, 6. 2. 1979

S. Freud, Gesammelte Werke, Bd. 7, S. 181, Bd. 10, S. 6 f., Bd. 12, S. 49, 56-59

G. Friedrichs, Grundlage, Entstehung und genaue Einzeldeutung der bekanntesten germanischen Märchen, Mythen und Sagen, Leipzig 1909, S. 79-81

J. Geninasca, Conte populaire et identité du cannibalisme, in: Nouvelle Revue de Psychanalyse 6/1972, S. 215-230

A. Gutter, Märchen und Märe, Psychologische Deutung und pädagogische Wertung, Solothurn 1968, S. 66-71

R. Hagen, Der Einfluß der Perraultschen Contes auf das volkstümliche deutsche Erzählgut und besonders auf die Kinder- und Hausmärchen der Brüder Grimm, Diss. Göttingen 1954

R. Hagen, Perraults Märchen und die Brüder Grimm, in: Zeitschrift für deutsche Philologie 74/1955, S. 392-410

F. H. Hoffmann (Hrsg.), Deutsche Märchen und ihre Deutung, Bd. 1, 3. Aufl., Frankfurt/Oder 1935, S. 89-91

H. Jäger, Trägt Rotkäppchen eine Jakobinermütze? Über mutmaßliche Konnotate bei Tieck und Grimm, in: J. Bark (Hrsg.), Literatursoziologie, Bd. 2, Stuttgart 1974, S. 159-180

C. G. Jung, Gesammelte Werke, Bd. 4, Zürich/Stuttgart 1969, S. 237-240

H. Kühleborn, Rotkäppchen und die Wölfe, Von Märchenfälschern und Landschaftszerstörern, Frankfurt/Main 1982

A. Kunzfeld, Vom Märchenerzählen und Märchenillustrieren, Wien 1926, S. 50 f.

W. Laiblin (Hrsg.), Märchenforschung und Tiefenpsychologie, Darmstadt 1972, S. 191, 461

W. Ledermann, Das Märchen in Schule und Haus, Langensalza 1921, S. 75-79

F. Lenz, Die Bildsprache der Märchen, Stuttgart 1971, S. 48-54

F. v. d. Leyen, Das deutsche Märchen und die Brüder Grimm, Düsseldorf 1964, S. 317 f.

C. Mallet, Das Einhorn bin ich, Das Bild des Menschen im Märchen, Hamburg 1982, S. 7-10

C. Mallet, Kennen Sie Kinder? Wie Kinder denken, handeln und fühlen, aufgezeigt an vier Grimmschen Märchen, Hamburg 1981, S. 81-112

H. Meng (Hrsg.), Psychoanalyse und Kultur, München 1965, S. 131

R. Meyer, Die Weisheit der deutschen Volksmärchen, Stuttgart 1950, S. 163-165, 243 f.

K. J. Obenauer, Das Märchen, Dichtung und Deutung, Frankfurt/Main 1959, S. 198 ff.

M. Pancritius, Aus mutterrechtlicher Zeit, Rotkäppchen, in: Anthropos 27/1932, S. 743-778

F. Panzer (Hrsg.), Die Kinder- und Hausmärchen der Brüder Grimm, Vollständige Ausgabe in der Urfassung, Wiesbaden 1955

J. Prestel, Märchen als Lebensdichtung, München 1938, S. 23 f.

W. Psaar / M. Klein, Wer hat Angst vor der bösen Geiß? Zur Märchendidaktik und Märchenrezeption, Braunschweig 1976,

O. Rank, Psychoanalytische Beiträge zur Mythenforschung, 2. Aufl., Leipzig 1922, S. 65-67

F. Redlich, Der Flüsterwitz, in: Publizistik, 8. Jg., Heft 2/1963

W. Rein / A. Pickel / E. Scheller, Das erste Schuljahr, Ein theoretisch-praktischer Lehrgang für Lehrer und Lehrerinnen sowie zum Gebrauch in Seminaren, 6. Aufl., Leipzig 1898, S. 196-199

D. Riesman, Die einsame Masse, Reinbek 1958, S. 116-118

L. Röhrich, Märchen und Wirklichkeit, 2. Aufl., Wiesbaden 1964, S. 52, 126 f., 190

G. Roheim, Fairy Tale and Dream, in: The Psychoanalytic Study of the Child 8/1953, S. 394-398

R. M. Rosenkötter, Das Märchen — eine vorwissenschaftliche Entwicklungspsychologie, in: Psyche 2/1980, S. 190 f.

M. Rumpf, Caterinella, in: Fabula 1/1957, S. 76-84

M. Rumpf, Rotkäppchen, Diss. Göttingen 1951

M. Rumpf, Ursprung und Entstehung von Warn- und Schreckmärchen, Helsinki 1955

S. Schödel (Hrsg.), Märchenanalysen, Stuttgart 1979, S. 80-107

S. Singer, Aufsätze und Vorträge, Tübingen 1912, Deutsche Kinderspiele, S. 1-36

M. Soriano, Les contes de Perrault, Culture savante et traditions populaires, Paris 1968, S. 46-48, 148-160

P. Stauff, Märchendeutungen, Leipzig 1913, S. 24-27

A. Strobel, Die Sprache des Märchens, in: National-Zeitung (Basel), Nr. 266/1950 (13. Juni)

A. Tausch, Einige Auswirkungen von Märcheninhalten, in: Psychologische Rundschau 2/1967, S. 104-116

L. Veszy-Wagner, Little Red Riding Hoods on the Couch, in: The Psychoanalytic Forum 1/1966, S. 399-415

A. Wesselski, Versuch einer Theorie des Märchens, Hildesheim 1974, S. 19 f.

O. G. Wittgenstein, Märchen, Träume, Schicksale, 2. Aufl., München 1981, S. 211-227

E. Zimen, Der Wolf, Mythos und Verhalten, 3. Aufl., München 1980, S. 265-279

J. Zipes, Rotkäppchens Lust und Leid, Biographie eines europäischen Märchens, Köln 1982

H. Zitzlsperger, Kinder spielen Märchen, Weinheim 1980, S. 124-135

WEITERE MURIBÜCHER

Hans Ritz
Die Sehnsucht nach der Südsee
Bericht über einen europäischen Mythos
140 Seiten, illustriert, 10,— DM
ISBN 3-922494-06-4

Hans Ritz
Ringelsternchen
Vergnügliche Gedichte
80 Seiten, 9,80 DM
ISBN 3-922494-01-3

Ulrich Erckenbrecht
Ein Körnchen Lüge
Aphorismen und Glossen
100 Seiten, 3. veränderte Ausgabe, 10,— DM
ISBN 3-922494-05-6

Ulrich Erckenbrecht
Anleitung zur Ketzerei
Philosophische Essays
256 Seiten, 2. verbesserte Auflage, 18,— DM
ISBN 3-922494-02-1

MURIVERLAG, Postfach 1765, D-3400 Göttingen